Bernd A. Mertz
Also sprachen für die Astrologie …

Bernd A. Mertz

Also sprachen für die Astrologie …

ZITATE BERÜHMTER PERSÖNLICHKEITEN

Edition Astrodata

Originalausgabe

Lektorat: Hans-Heini Lanz
Umschlagbild: Edition Astrodata
Druck: Bruderer Druck, CH-Sirnach

Hinweis: Die Quellen der Zitate sind aus den jeweiligen Nummern
(in Klammern) zu ersehen, diese werden am Schluss des Buches
aufgeschlüsselt. Wenn keine Nummer steht, ist die Quelle entweder
aus dem Text ersichtlich oder sie war nicht mehr eruierbar.

ISBN 3-907029-45-3

Inhalt

5

Glauben Sie an Astrologie?

« Nein! Astrologie ist keine Religion. Aber ich habe mit der Astrologie meine Erfahrungen gemacht, und die waren überwiegend positiv. Ausserdem wären wir ja vermessen, wenn nicht gar töricht, wollten wir auf die Weisheit der ältesten Erfahrungswissenschaft der Menschheit verzichten. Diesen Hochmut können wir uns nicht leisten.»

Bernd A. Mertz

Was Sie in diesem Buch finden

In diesem Buch finden Sie eine Zusammenstellung von astrologischen Aussprüchen und Pointen, von Meinungen über die Astrologie, Zitaten aus astrologischen Dichtungen und von Aussagen, die Astrologen im Lauf der Geschichte zu ihrem Metier machten. Die Leser werden Heiteres neben Ernstem finden, Nachdenkliches und «was der Volksmund so sagt». Die Auswahl ist so vielseitig, dass selbst erfahrene Astrologen auf Neues stossen dürften, und mancher wird unmerklich astrologisches Gedankengut aufnehmen und vielleicht etwas vom astrologischen Denken lernen. Seitdem der Mensch zum Himmel blickte, bildete er sich, fand er demütig und ehrfurchtsvoll seine Zeit, somit Hinweise für seinen Lebens- und Schicksalsablauf. Seitdem lebt die Astrologie, die Lehre von den Sternen! Und die Astrologie wird ewig leben, obwohl immer wieder verdammt, verboten, totgesagt. Doch stets haben Philosophen, Wissenschaftler, Künstler und einfache Bürger sich positiv dieser Wissenschaft zugewandt. Die Auswahl von Meinungen, Sprüchen, Pointen beweist dies. So blättre der Leser in diesem Büchlein – mal vorne lesend, mal hinten, mal in der Mitte. Er wird schmunzelnd oder nachdenklich feststellen, dass er sich in bester Gesellschaft befindet, wenn ihn die Astrologie interessiert, ja wenn er sich von der Faszination der Sterne fesseln lässt. Und es ist sicher reizvoll, neben Texten aus ägyptischen Hymnen moderne Meinungen zu finden, mittelalterliche Vorstellungen mit denen der heutigen Zeit zu vergleichen, klassische und moderne Autoren zur Kenntnis zu nehmen. So wird deutlich, was die Astrologie stets wusste und weiss: Alles ist ewig – weil allein das Ewige alles ist.

I.
Astrologie in Hymnen

Er [Marduk] erschuf Standorte den grossen Göttern, stellte auf
die Lumaschi, Abbilder der Götter; er machte kenntlich das Jahr,
formte die Bilder, stellte auf je drei Sterne für alle zwölf Monate.

Aus dem babylonischen Schöpfungsmythos (22)

Heil dir, o Schöpfer aller Menschen,
Gott Atum, Horus beider Horizonte.
Du Gott, der einzig nur in Wahrheit lebt.
Der alles zeugt, was ist,
Und schafft die Wesen, so Tier und Mensch.
In seinem Auge zeigt er sichtbar sich,
Des Himmels Herr,
Der Herr der irdischen Welten,
Der Schöpfer aller in der Höh' und Tiefe,
Der Herr des Alles,
Der Zeuger aller Götter,
Der Gott, der sich selbst schafft,
Der Doppelkreisende,
Von Urbeginn an schaffend.
Es preisen dich,
O Atum, alle Götter
Als den,
Der reiner Menschen Seelen schuf;
Als Herr der Palme,
Liebesgrosses Wesen,
Der Leben ausstrahlt
Allen Menschenkindern;
Ich höre dich
Am Abend meines Tages,
Wenn du versinkst
Und ich versink mit dir

Zu neuem Leben.
Die Sonnenbarken [die Tierkreiszeichen]
Sind in lauter Freude,
Wenn sie mit dir
Den Ozean durchschiffen,
Und deine Diener [die Planeten]
Schwelgen im Entzücken.
Geschlagen ist vom Glanze
Deines Auges, des Himmlischen,
Dein Widersacher,
Gehemmt ist der
Apophis-Schlange Vorwärtsschreiten.

Ägyptischer Hymnus an die Sonne

❖

Das menschliche Schicksal ist mit dem der Gestirne verknüpft, und die menschliche Seele ein Teil des Himmels.

Hipparch

❖

Der Mensch wurzelt in seinen Ahnen – aber alle Dinge haben ihre Wurzeln im Himmel.

Chinesisches Sprichwort

❖

Die Seelen oder Genien (Frawaschis) der Ahnen werden in den kreisenden Sternen erschaut. Sie wandeln, auf himmlische Weise geleitet, an der Höhe des Firmamentes dahin.

Aus dem Persischen, «Avesta» (22)

❖

… Horchet in euch selbst und blickt in die Unendlichkeit des Raumes und der Zeit. Von da erklingt der Gesang der Sterne, die Sprache der Zahlen, die Harmonie der Sphären. Jede Sonne ist ein Gedanke Gottes und jeder Planet eine Form dieses Gedankens. Um die Erkenntnis des göttlichen Gedankens zu erlangen, o Seelen, steigt ihr mühsam hinab und herauf, den Weg der sieben Planeten und ihrer sieben Himmel. Was tun die Sterne? Was sagen die Zahlen? Was offenbaren die Sphären? Oh, ihr verlorenen Seelen! Sie sagen – sie singen – sie offenbaren euer Schicksal!

Fragment nach Hermes aus den ägyptischen Mysterien

❖

Ein Plänemacher, schlau über alle Massen, ein Schäfer leichter Träume, ein Kuhdieb, ein nächtlicher Wegelagerer …

Homer, «Hymne an Hermes» (24)

❖

Wahrhaft, sicher und sehr wahr! Was unten ist, ist wie das, was oben ist. Und was oben ist, ist wie das, was unten ist.

Hermes Trismegistos – Pyramidenspruch (11)

❖

Ich bin ein Stern, der mit euch seine Wanderstrasse geht und aufleuchtet aus der Tiefe.

Aus der Mithras-Liturgie (22)

Hermes Trismegistos

II.
Astrologie in Religionen

Alles, was auf Erden angetroffen wird, befindet sich auch im Himmel, und nichts ist so gering, dass es nicht sein Vorbild am Himmel hätte.

Wort im Talmud (11)

❖

Er ist es, *der* für dich die Sterne angeordnet hat, damit du inmitten der Finsternis des Landes und des Meeres deinen Pfad nach ihnen ausrichtest.

Aus dem Koran (32)

❖

Es gibt für alles eine Zeit / für jedes Ding da unterm Himmel eine Stunde. / Für das Geborenwerden gibt es eine Zeit / und eine Zeit fürs Sterben. / Fürs Pflanzen gibt es eine Zeit / und eine Zeit / Gepflanztes auszureissen. / Fürs Töten gibt es eine Zeit / und eine Zeit fürs Heilen. / Fürs Niederreissen gibt es eine Zeit / und eine Zeit fürs Aufbauen. / Fürs Weinen gibt es eine Zeit / und eine Zeit fürs Lachen. /Fürs Klagen gibt es eine Zeit / und eine Zeit fürs Tanzen.

Buch des Predigers, Kap. 3, 1–4

❖

Dann sprach Gott: Lichter sollen am Himmelsgewölbe sein, um Tag und Nacht zu scheiden. Sie sollen Zeichen sein und zur Bestimmung von Festzeiten, von Tagen und Jahren dienen; sie sollen Lichter am Himmelsgewölbe sein, die über die Erde hin leuchten.

Bibel, Genesis 1,14 (27)

❖

Mir aber gewährte Gott, nach meiner Einsicht zu sprechen und zu denken, wie die empfangenen Gaben es wert sind; denn er ist der Führer der Weisheit und hält die Weisen auf dem rechten Weg. Wir und unsere Worte sind in seiner Hand, auch alle Klugheit und praktische Erfahrung. Er verlieh mir untrügliche Kenntnis der

Dinge, so dass ich den Aufbau der Welt und das Wirken der Elemente verstehe, Anfang und Ende und Mitte der Zeiten, die Abfolge der Sonnenwende und den Wandel der Jahreszeiten, den Kreislauf der Jahre und die Stellung der Sterne.

Das Buch der Weisheit 7, 15–19 (27)

❖

Knüpfst du die Bande des Siebengestirns, oder löst du des Orions Fesseln? Führst du heraus des Tierkreises Sterne zur richtigen Zeit, lenkst du die Löwin samt ihren Jungen? Kennst du die Gesetze des Himmels, legst du auf die Erde seine Urkunde nieder?

Buch Hiob 38/31–33 (5)

❖

Dann werden Zeichen an Sonne, Mond und Sternen zu sehen sein, und auf der Erde wird rastlose Angst der Völker herrschen in banger Erwartung der Dinge, die über den Erdkreis kommen sollen.

Lukas 21, 25–26 (27)

❖

Du hast den Mond gemacht als Mass für die Zeiten, die Sonne weiss, wann sie untergeht.

Die Psalmen 104,19 (27)

❖

Der Mond führt die Zeiten herauf; er herrscht bis ans Ende und dient für immer als Zeichen. Durch ihn werden Fristen und Festzeiten bestimmt.

Das Buch Jesus Sirach 43, 6–7 (27)

❖

Er, der nach mir kommt, ist mir voraus, weil er vor mir war. [Das astrologische Gesetz des Mondes.]

Das Evangelium des Johannes 1,15 (27)

❖

So viele Jahre lang – «für jeden Tag ein Jahr» – müsst ihr die Folgen eurer Schuld tragen … [Uraltes Gesetz der Astrologie: Ein Tag = ein Jahr.]

Das Buch Numeri 14,34 (27)

❖

Da kamen Weise aus dem Morgenland nach Jerusalem, sie sagten: Wo ist der neugeborene König der Juden? Wir haben seinen

Stern im Morgenland gesehen und sind gekommen, ihm zu huldigen.

Matthäus 2,2 (27)

❖

Ich werde wunderbare Zeichen wirken am Himmel und auf der Erde: Blut und Feuer und Rauchsäulen. Die Sonne wird sich in Finsternis verwandeln und der Mond in Blut, ehe der Tag des Herrn kommt, der grosse und schreckliche Tag.

Das Buch Joel 3,2–4 (5)

❖

Wie im Himmel also auch auf Erden.

Aus dem «Vaterunser» (27)

❖

Seh' ich den Himmel, das Werk Deiner Finger,
Mond und Sterne, die Du befestigt:
Was ist der Mensch, dass Du an ihn denkst,
des Menschen Kind, dass Du dich seiner annimmst?
Du hast ihn nur wenig geringer gemacht als Gott,
hast ihn mit Herrlichkeit und Ehre gekrönt.

Psalm 8, ein Psalm Davids (5)

❖

Apokalypse: «Der siebenköpfige Drache» (A. Dürer, 1497)

Es erschien ein grosses Zeichen am Himmel: Ein Weib mit der Sonne bekleidet, den Mond unter ihren Füssen und auf ihrem Haupte eine Krone mit 12 Sternen. [Mit dem Weib ist die Venus gemeint, die von der neugeborenen Mondsichel gekrönt wird.]

Offenbarung (Apokalypse) des Johannes, «Neues Testament», 12,1–4 (27)

❖

Und es erschien ein anderes Zeichen im Himmel: Ein

grosser blutroter Drache mit sieben Köpfen und zehn Hörnern und auf seinen Köpfen sieben Kronen.

Offenbarung des Johannes (11)

❖

Und in der Mitte, rings um den Thron, waren vier Lebewesen voller Augen, vorn und hinten. Das erste Lebewesen glich einem Löwen, das zweite einem Stier, das dritte sah aus wie ein Mensch, das vierte glich einem fliegenden Adler. [Für Astrologen: Hinweis auf das «fixe Kreuz» des Tierkreises, das aus den Abschnitten Stier, Löwe, Skorpion (früher: Schlange und Adler) und Wassermann gebildet wird.]

Offenbarung des Johannes, 4,7 (5)

❖

Er [der Schöpfer] ernannte durch Äon 1800 Statthalter und stellte über sie 360 weitere Statthalter [die 360 Grade des Tierkreises]; und er ernannte zur Lenkung aller Statthalter fünf grosse Herrscher bzw. Herrscherinnen, die in der Welt der Menschen folgende Namen haben: Der erste heisst Kronos, der zweite Ares, der dritte Hermes, die vierte Aphrodite und der fünfte Zeus.

*Aus der «Pistis Sophia», wie Jesus seinen Jüngern
die Einsetzung der Planeten erklärte (25)*

❖

Das astrologische «Vaterunser» von Jesus und die astrologischen Entsprechungen:
Sonne: Vater unser im Himmel [der Sterne].
Merkur: Heilig dein Name!
Venus: Dein Reich der Liebe komme!
Mars: Dein Wille geschehe!
Jupiter: Gib uns Brot [Nahrung, Fülle, Leben!].
Saturn: Vergib uns unsere Schuld, so wie wir sie vergeben [zweischneidiges Schwert des Karma].
Mond: Führe uns nicht in Versuchung und Übel [Launen und Angst: «Laune» kommt vom lateinischen Luna = Mond].

❖

In den Schlussworten [des «Vaterunser»] «Dein ist das Reich» (Löwe = Sonne), «die Kraft» (Widder = Mars) «und die Herrlichkeit» (Schütze = Jupiter) wird das Feuertrigon angesprochen und die Dreiheit in besonderer Betonung gesprochen, weil hier Ele-

Konfuzius

mentares aufklingt und in den Herzen einen Wiederhall findet. Es ist nicht abwegig, diese Beziehungen einmal so recht zu überdenken.

«Astrologischer Auskunftsbogen»,
Baumgartner Verlag,
Dezember 1956 (11)

❖

Du grosses Gestirn! Was wäre dein Glück, wenn du nicht die hättest, welchen du leuchtest!

Zarathustra (22)

❖

Wer die Menschen kennenlernen will, muss erst den Himmel kennen, der den Menschen ihre Natur und sein Gesetz gegeben hat.

Konfuzius

III.
Meinungen in der Antike

Warum müssen die Menschen sterben? Sie müssen sterben, weil sie nicht mehr den Anfang mit dem Ende zu verknüpfen wissen, wie es die Gestirne in ihren kreisförmigen Bahnen tun.

Alkmäon, Arzt und Astrologe, 520 v. Chr.

Wenn die Gestirne wieder ihre alten Stellungen einnehmen, sollen sich auch alle derartigen Vorgänge wiederholen.

Aus der Schule des Pythagoras (10)

Die wissenschaftliche Einstellung des letzten Jahrhunderts vertrat die überhebliche Anschauung, dass der freie Wille das Menschenschicksal bestimmt. Im Gegensatz hierzu steht der Fatalismus, nach welchem alles Kommende sich zwangsläufig entwickelt. Da der Mensch als Teil des Ganzen in das kosmische Getriebe sich einfügen muss, so sind wir in der Lage, Parallelen zwischen Planetenlauf und Menschenschicksal zu ziehen. Wir werden also kommende Ereignisse ermitteln können, wenn wir die Beobachtungen gemacht haben, dass bestimmte Planetenkonstellationen in früheren Zeiten bestimmte Ereignisse angezeigt haben. Neben diesen unbedingt zwingenden Konstellationen gibt es aber auch viele Einflüsse, die zu Handlungen nur geneigt machen.

Julius Firmicus Maternus in einem seiner Kalender (11)

Die Seele kehrt heim zu ihrem Stern.

Plato (16)

Zwei Dinge sind es, die zum Glauben an Götter führen: Das eine ist die Erkenntnis, dass die Seele das ursprünglichste von allem ist, was überhaupt am Werden Anteil hat, dass sie nicht stirbt und vor allen Körpern und über alle Körper herrscht, und das andere ist die schöne Gesetzmässigkeit in der Bewegung der Gestirne und in allen naturbedingten Bewegungen wie in der Musik der schwingenden Saiten.

Plato (16)

❖

Und da jede Kunst und Philosophie wohl mehr als einmal, so weit es möglich war, entdeckt und dann wieder verloren gegangen ist, so mögen jene Anschauungen wohl Trümmer einer uralten untergegangenen Weisheit sein, die sich in die Gegenwart gerettet haben.

Aristoteles (11)

❖

Die Vorstellung der Menschen von Göttern entspringt einer doppelten Quelle: den Erlebnissen der Seele und der Betrachtung der Gestirne. Wenn wir uns beim Eintritt in einen Tempel innerlich sammeln, wieviel mehr müssen wir das tun, wenn wir über die Gestirne, ihre Natur und die einzelnen Sterne reden.

Aristoteles (11)

❖

Unwissend ist der Arzt, der nichts von Astrologie versteht! Der Anteil, den die Sternkunde an der Heilkunde hat, ist nicht ein recht kleiner, sondern ein sehr grosser.

Hippokrates, um 400 v. Chr., berühmtester Arzt des Altertums (11)

❖

Es gibt auch verschiedene andere Dinge, welche sie zuerst erfunden haben [gemeint sind die Ägypter], nämlich welchem Gotte jeder Monat und jeder Tag gehört, und was jedem Menschen nach dem Tage, an welchem er geboren ist, im Leben begegnen wird, welchen Tod er finden und wie er werden wird.

Herodot (11)

❖

Auch den Sternenseelen wahrt der Schöpfer die ihnen gebührende Seligkeit: er gibt ihnen ausdrücklich die gleiche Beziehung zum Leib [wie den Menschenseelen], so wie sie im All herrscht, und setzt die Sternenleiber in die Umschwungbahnen der Seele, des Alls, hinein.

Plotin, 205–270 n. Chr., Begründer des Neuplatonismus (22)

❖

... die Seele auch nicht mit Begierden und Ängsten erfüllt. Kein irdisches Elend lenkt sie hinab und zieht sie fort von der hohen seligen Schau. Im Gegenteil: sie bleibt ohne Unterlass dem oberen Reiche hingegeben und lenkt dabei unsere Welt in ruhiger Kraft.

Plotin (22)

❖

Jetzt kommt uns die Spindel [der Schicksalsnotwendigkeit] ins Gedächtnis, die bei den Menschen der Frühzeit die Musen [Moi-

19

ren] dem Menschen zuspinnen und die bei Plato das schweifende Element des Umschwungs ist. Die Moiren und die Schicksalsnotwendigkeit als ihre Mutter drehen sie und spinnen bei der Geburt eines jeden ihm den Schicksalsfaden zu, und durch ihn tritt das Erzeugte in das Werden [seines Eigenlebens]. Im Timäus [Plato] gibt der schaffende Gott dem Menschen den Urgrund der Seele, die sich bewegenden Götter [die in den Gestirnen sichtbar werden] aber verleihen ihm die gewaltigen lebensnotwendigen Leidenschaften: Zorn, Begierde, Freude, Trauer und überhaupt eine besondere Form der Seele, von der eben diese Gemütsbewegungen ausgehen. Dieses Geschehen setzt uns mit den Gestirnen in Verbindung, von denen wir die Form der Seele empfangen und die uns bei unserer Ankunft auf der Welt der Notwendigkeit unterwerfen. Auch die Charakteranlage geht von ihnen aus und dem Charakter entsprechend folgen die Taten und Leiden infolge eines pathischen [erleidenden] Zustands der Seele.

Plotin (22)

❖

Wenn schon dem Menschen gegenüber den anderen Lebewesen ein besonderer Wert zukommt, in wieviel höherem Grade noch den Gestirnen, welche nicht zur Tyrannei im Weltall vorhanden sind, sondern ihm seinen Schmuck und seine Ordnung verleihen. Was aber angeblich von ihnen aus geschieht, muss man für Anzeichen des Zukünftigen, aber nicht für die Ursachen desselben halten.

Plotin (16)

❖

Denn wer sehen will, muss ein Auge besitzen, das dem zu sehenden Gegenstande verwandt und ähnlich ist: nie hätte das Auge jemals die Sonne gesehen, wenn es nicht selber sonnenhaft wäre. So kann auch die Seele das Schöne nicht sehen, wenn sie nicht selber schön ist.

Plotin (10)

❖

Nun stammt doch alles, was beseelt ist, von den oberen, den himmlischen Mächten. Seelen wohnen in den Gestirnen, die geistbeschwingt und gut und viel enger mit der oberen Welt verknüpft sind als unsere Seele. Wie könnte diese unsre Erdenwelt, abgeschnitten von den oberen [himmlischen] Mächten, überhaupt leben und wie könnten es die [urbildlich] schaffenden göttlichen Mächte in ihr? ...Oder wollen sie [die Gnostiker] den Namen Bruder, den sie auch den niedrigsten Menschen zubilligen, der Sonne und den Gestirnen, dem Himmel, ja der Weltseele selbst verweigern, rasenden Mundes!

Plotin (22)

❖

Es leitet uns das Schicksal (Fatum), und die erste Stunde hat schon über die Zeit verfügt, die einem jeden zugemessen ist.

Seneca (47)

❖

Von den leisesten Bewegungen der Gestirne hängt der Völker Geschick ab und gestaltet sich das Grösste und Kleinste, je nachdem des Gestirnes Lauf und Stand günstig oder ungünstig war.

Seneca (47)

❖

Besonders bewunderungswürdig sind die Bewegungen der fünf Sterne, die man fälschlich Planeten nennt, denn nichts irrt, was sein Vorschreiten und Rückschreiten unwandelbar und fest bewahrt. Wie sie etwa der erste Anblick der Welt verwirrt gemacht hatte, so hatten die Philosophen doch später, als sie ihre bestimmten und regelmässigen Bewegungen sahen, die Einsicht gewinnen müssen, dass sich nicht allein ein Bewohner in dieser himmlischen und göttlichen Behausung befinden müsse, sondern auch ein Lenker und Leiter und gleichsam ein Baumeister eines so grossen Werkes und majestätischen Gebäudes.

Cicero, «Vom Wesen der Götter» (11)

❖

In dem Sterngürtel, den die Griechen den Zodiak nennen, verbirgt sich eine Kraft, die so geartet ist, dass jeder Teil dieses Gürtels die Himmel in jeweils anderer Art beeinflusst und verändert, je nachdem, welche Sterne zu einer gegebenen Zeit an diesem oder einem angrenzenden Ort sind ... Sie halten es nicht nur für wahrscheinlich, sondern für sicher, dass genau wie die Temperatur der Luft von dieser Himmelsmacht reguliert wird, auch Kinder bei der Geburt an Leib und Seele beeinflusst werden und ihr

Sinn, Verhalten, ihre Gemütsart, ihr leibliches Befinden, Lebenslauf und Geschick von dieser Kraft bestimmt wird.

Cicero (32)

❖

Die Menschen messen nämlich für gewöhnlich das Jahr durch die Rückkehr allein der Sonne, das ist eines einzigen Gestirns; wenn aber alle Gestirne insgesamt dahin, woher sie kamen, zurückgekehrt sind und den ganzen Umkreis des Himmels beschrieben haben, dann kann dieser Umlauf eine wahrhaftige Jahreswende genannt werden.

Cicero, «Traum des Scipio» (22)

❖

Sie zählen nicht nach Tagen wie wir, sondern nach Nächten. So beschliessen, so verabreden sie. Die Nacht scheint ihnen den Tag anzuführen. Ihre entscheidenden Unternehmungen wurzelten in der Nacht, die ihnen glückverheissendster Anfang für alle menschlichen Angelegenheiten war.

Tacitus über die Germanen (22)

❖

Deinen Genius trug das Sternbild des Steinbocks zum staunenden Schrecken der Welt in den Himmel und gab dich den mütterlichen Sternen zurück.

Germanicus über seinen Stiefvater Kaiser Augustus (22)

❖

Wenn eine Seele den ihr vom Schicksal bestimmten Leib erhalten hat, dann gibt sie diesem ein Leben durch das Werk der Natur. Die Natur nun passt die Harmonie des Körpers der Zusammenmischung [Konstellation] der Gestirne an und vereint das aus vielerlei Teilen Gemischte gemäss der Harmonie der Sterne, so dass Sympathie zueinander entsteht, denn der Zweck der Gestirne ist, Sympathie zu erzeugen nach dem Schicksal, das über uns gebietet.

Stobäus, um 500 n. Chr. (22)

III.
Meinungen in der Antike

Diejenigen, die behaupten, dass die Astrologie überflüssig sei, fühlen sich aus keiner anderen schwerwiegenden Ursache heraus zu ihren Handlungen getrieben als durch Schicksalsverhängnis. Scheint es doch unnütz, etwas im voraus zu sehen, wenn wir ihm weder durch unsere Sorgfalt in die Hände arbeiten noch ihm, sofern es schlecht, mit Hilfe unserer Wissenschaft zu entfliehen vermögen.

Ptolemäus (11)

❖

Aus den Sternen lesen wir unser Schicksal, denn wenn wir von dem wissen, was uns bevorsteht, so gewöhnt dies unsere Seele vorher daran und mässigt ihre Erregung. Dadurch festigt sie sich gegenüber dem Kommenden, bis es Wirklichkeit geworden ist und uns in den Stand setzt, es in Frieden und gefasst entgegenzunehmen.

Ptolemäus (12)

❖

So setzt sich das menschliche Schicksal aus vielen einzelnen Wirkungen des Gestirnlaufes zusammen, ergänzt durch nichtastrologische Faktoren, wie zum Beispiel Vererbung, Erziehung und Umwelt, die den Gestirneinfluss korrigieren, weil sie Unterschiede in einem Teil der seelischen oder der sittlichen Anlage oder im Lebensgang erzeugen.

Ptolemäus (12)

❖

Natürlich drückt sie [die Astrologie] den Willen göttlicher Kräfte aus, doch hängt es vom Menschen ab, «interkurrente» Kräfte ins Spiel zu bringen, um die vorher bestehenden Kräfte seines Horoskops und somit sein Schicksal zu ändern.

Ptolemäus (25)

❖

Der verständige Mensch unterstützt das Werk der Sterne.

Ptolemäus, «Centiloquium» (11)

❖

Wenn jemand nun diese Wirkungen erkennt, so wird er begreifen, dass alle Körper durch die Wirkungen der himmlischen Gestirne beeinflusst werden – nicht nur erst, nachdem sie geboren und vollkommen sind. Selbst der Same aller Wesen erhält im frühesten Beginne Gestalt und Wachstum von den jeweiligen Kräften des Himmels.

Ptolemäus, «Tetrabiblos» (Die vier Bücher), das klassische Werk der Astrologie aus dem 2. Jh. n. Chr. (11)

❖

Wir müssen nicht glauben, dass die Gestirneinflüsse sich unvermeidlich auswirken wie das, was durch göttliche Anordnung geschieht und dem man in keiner Weise ausweichen kann und auch

nicht wie das, was mit strenger Notwendigkeit geschieht.

Ptolemäus (33)

❖

Danach besteht wohl kein Zweifel mehr, dass es Wirkungen gibt, die der Kundige voraussagen kann.

Ptolemäus (33)

❖

Es gibt Menschen, die aus dem Umstand, dass die Aussagen der Astrologen nicht immer zutreffen (was bei der Schwierigkeit der Materie ganz selbstverständlich ist), den Trugschluss ziehen, die eintreffenden Voraussagen seien nur Zufallstreffer. Aber es ist natürlich unsinnig, eine Wissenschaft für die Schwächen ihrer Vertreter verantwortlich zu machen.

Ptolemäus (33)

❖

Doch wäre es unverständig, deshalb die ganze Kunst [die Astrologie] zu verwerfen. Niemand verwirft die Steuermannskunst, trotzdem sich Schiffbrüche ereignen. Man kann nicht über alles gänzliche Gewissheit verlangen, als wäre der menschliche Verstand jeder Kunst gewachsen.

Ptolemäus (33)

❖

Die Sterndeutung beruht im Wesentlichen auf zwei Grundwissenschaften. Die eine, die Astronomie, lehrt uns die Bewegungen von Sonne, Mond und Sternen, ihre Stellung zu jedem Zeitpunkt, sowohl untereinander als auch gegenüber der Erde. Die Astrologie betrachtet die Veränderungen und Wirkungen, die von den Gestirnen hervorgebracht werden, gemäss den ihnen innewohnenden Kräften und dem Einfluss ihrer jeweiligen Stellung.

Ptolemäus (33)

❖

Die Hauptwirkungen von Sonne, Mond und Gestirnen sind so augenfällig, dass sie auch der Laie durch blosse Beobachtung gewahr wird. Ja, das einfache Volk und die Tiere fühlen einige dieser Wirkungen, wenn sie besonders stark in Erscheinung treten, sogar voraus.

Ptolemäus (33)

❖

Die himmlischen Bewegungen sind allerdings nach ewigen göttlichen Gesetzen unabänderlich bestimmt, aber die irdischen Dinge sind noch der Veränderlichkeit unterworfen durch die Beweglichkeit, Unstetigkeit und Unterwerfung unter den Wechsel, die in ihrem Wesen liegen. Mag der erste Anstoss auch vom Himmel gekommen sein, das dem Wechsel Unterworfene ändert sich trotzdem.

Ptolemäus (33)

❖

Ich stelle also fest: Voraussagungen sind möglich und wert, dass man sich damit befasst; mit Irrtümern muss dabei allerdings gerechnet werden. ... Ebenso ist die Vorbeugungslehre sorgfältig zu beachten, da sie zwar nicht alles, aber doch einen grossen Teil zu verhindern vermag. Dieser Meinung waren auch die Ägypter, welche unsere Kunst am eifrigsten betrieben und mit allen astrologischen Vorhersagungen stets die Arzneikunst verbanden.

Ptolemäus (33)

IV.
Meinungen nach der Antike bis zur Neuzeit

A: VON MÄNNERN DER KIRCHE

Denn dieses eine steht fest: Wertvoll und wahrhaftig ist die Wissenschaft der Astrologie, eine Krone ist sie des Menschengeschlechts und ihre ganz ehrwürdige Weisheit ein Zeugnis Gottes.

Philipp Melanchton (16)

❖

Die Astrologie ist ein Teil der Physik, welche lehrt, was für Wirkungen das Licht der Gestirne auf einfache und zusammengesetzte Körper ausübt, welche Mischungen, Veränderungen und Neigungen es hervorruft.

Philipp Melanchton (16)

❖

Auch nicht die kleinste Pflanze wird zufällig geboren, die nicht ihre Bestimmung zu manchem Gebrauch und Nutzen aus göttlichem Ratschluss erhalten hat; so können heimliche Krankheiten durch ganz gewöhnliche Mittel vertrieben werden. Seien wir daher der Überzeugung, dass jene herrlichen Körper, die mit solcher Weisheit geschaffen als auch in ihren Bewegungen nach ehernen Gesetzen geordnet sind, ebenfalls ihre Auswirkungen haben müssen. Und es ist die Übereinstimmung des Oberen und Unteren selbst wiederum ein Zeugnis Gottes und ein Beweis für die Vorsehung. Wir sehen gleichsam mit der Weisheit des Meisters.

*Philipp Melanchton in der Vorrede zum
Werk «Tetrabiblos» von Ptolemäus (11)*

❖

Darf sich der Mensch mit Sternendeutung abgeben? Ja ... denn die Bibel (1. Moses 1,14) lehrt, dass die Sterne nicht nur geschaffen sind, damit wir die Jahre und den Jahreslauf unterscheiden können, sondern auch, damit sie uns zum Zeichen werden. Wenn aber Gott gewollt hat, dass sie uns von etwas Zeichen geben sollen, so hat er uns damit auch erlaubt, auf dem Wege der Erfahrung zu erforschen, welche Ereignisse sie uns durch Zeichen ankündigen sollen. Und wenn geschrieben steht bei Jeremias: «Ihr sollt euch nicht fürchten vor den Zeichen des Himmels», so wird die Möglichkeit der Sterndeutung durch diese Worte bestätigt. Er nennt sie Zeichen!

Philipp Melanchton (11)

❖

Die Disposition des menschlichen Körpers ist abhängig von den Bewegungen am Himmel. Daher tragen indirekt die Himmelskörper zur Güte der Intelligenz bei: Wie die Ärzte die Güte des Intellekts nach der körperlichen Beschaffenheit beurteilen als der nächsten Disposition, so vermag dies auch der Astrologe aus den Bewegungen am Himmel als der entfernten Ursache einer solchen Disposition.

Thomas von Aquin, 1225–1274, Kirchenlehrer (11)

❖

Die Sterne üben unmittelbar einen direkten Einfluss auf den Körper aus, doch sie üben nur einen indirekten Einfluss auf die Fähigkeiten der Seele aus, die sich in Handlungen der körperlichen Organe äussern.

Thomas von Aquin (16)

❖

Die Voraussagen zukünftiger natürlicher Ereignisse, die notwendigerweise aus der Stellung der Gestirne hervorgehen müssen, sind nicht verboten, sondern zulässig. Wenn jemand Ereignisse voraussagt, die der menschliche Geist voraussehen kann, also Dinge, die notwendigerweise oder in der Mehrzahl der Fälle eintreten, so handelt er nicht als Wahrsager, sondern als jemand, der weiss und mutmasst.

Thomas von Aquin (16)

❖

Die Mehrzahl der Menschen folgt den Leidenschaften, den Regungen nämlich des sinnlichen Strebensvermögens; zu diesen Regungen können die Himmelskörper ihren Einfluss beisteuern; es gibt aber nur wenige Weise, die derartigen Leidenschaften widerstehen. Und darum können die Sterndeuter für die Mehrzahl der Fälle Wahres voraussagen, besonders wenn sie sich an allgemeine Voraussagen halten. Nicht aber im einzelnen, denn nichts hindert einen Menschen, durch freie Selbstbestimmung den Leidenschaften zu widerstehen. Darum sagen auch die Sterndeuter selbst: Der Weise steht über den Sternen, sofern er nämlich seine Leidenschaften beherrscht.

Thomas von Aquin (37)

❖

Mit Sicherheit das Eintreffen von Ereignissen und Umständen vorauszusagen, gehört zum Aberglauben und ist unzulässig; die Voraussage nach dem Gestirnstand von natürlich eintretenden Ereignissen ist ehrlich und zulässig.

Thomas von Aquin (37)

❖

Wenn einer die Schiedssprüche der Sterne benützt, um körperliche Auswirkungen vorauszusehen ... das ist keine Sünde; denn alle Menschen beobachten in Hinsicht auf solche Auswirkungen irgendwie die himmlischen Körper; so säen und ernten die Bauern zu bestimmter Zeit gemäss der Beobachtung des Sonnenlaufs; die Schiffer meiden die Fahrt bei Vollmond, vielleicht auch bei Neumond. Die Ärzte beobachten bei den Krankheiten die kritischen Tage, die sich aus dem Lauf der Sonne und des Mondes ergeben. Deshalb ziemt es sich wohl, in gewissen anderen Beobachtungen der Sterne, die nicht so offen zu Tage liegen, was die körperlichen Auswirkungen betrifft, den Schiedsspruch der Sterne zu beachten.

Thomas von Aquin (22)

❖

Zum ersten also ist zu sagen, dass die geistigen Wesenheiten, welche die himmlischen Körper bewegen, durch die Vermittlung der himmlischen Körper auf das Körperliche wirken, auf den menschlichen Intellekt unmittelbar durch Erleuchtung; den Willen aber können sie nicht umwandeln.

Thomas von Aquin (22)

❖

So kann als wahr gelten, was Ptolemäus im Centiloquium sagt: Wenn der Merkur in einer Nativität [in einem Horoskop] in einem der Häuser des Saturn steht und zwar in kräftiger Stellung, verleiht er gute Intelligenz zum Forschen.

Thomas von Aquin (11)

❖

Alles, was Natur und Kunst hervorbringt, wird von den himmlischen Kräften bewegt. Die Figuren des Himmels und der himmlischen Körper waren vor allen übrigen erschaffenen Dinge da, und eben deshalb haben sie Einfluss auf alles, was nach ihnen entstanden ist.

Albertus Magnus (16)

❖

Die Sterne vermögen nichts gegen die Allmacht Gottes und den freien Willen des Menschen.

Augustin, 354–430 (10)

❖

Es gibt wahrhaftig innerhalb des Mondkreises und auf den Höhen der Wolken und Winde luftige Seelen, die seelisch erschaut, aber nicht mit dem Auge wahrgenommen und Heroen, Laren und Genien genannt werden.

Augustin (22)

❖

Die Sterne wirken zwar nicht selbst, aber sie verkünden den Willen Gottes.

Origenes, Kirchenlehrer

❖

In das Firmament hat Gott die sieben Planeten gesetzt, nämlich den Mond, den Merkurius, die Venus, die Sonn, den Mars, den Jupiter und den Saturnus. Diese sieben Planeten sind sieben ungeheuer grosse Kugeln. Ein jeder von diesen Planeten hat seinen sonderlichen Lauf. Und ein jeder Planet hat auch eine sonderliche Wirkung oder Natur.

Martin von Cochem, 1634–1712, Kapuzinerpater (11)

❖

Es können die Sternseher nicht gewiss aus dem Lauf der Planeten allein das Wetter erkennen. Denn die Erde verhindert vielmehr die Wirkung der Planeten. Wollte Gott, dass alle Menschen dich in deinen Kreaturen erkennen möchten und dir von Herzen für dieselben Dank sagen.

Martin von Cochem (11)

❖

Gepriesen seist Du Gott, mein Herr, mit allen Deinen Geschöpfen, vornehmlich mit dem Herrn Bruder, der Sonne, die den Tag

erleuchtet für uns, und sie ist schön und strahlend mit grossem Glanze: von Dir, der höchsten Pforte, ist sie das Sinnbild.
Franz von Assisi (22)

❖

Es gibt keinen Grashalm, noch so klein, der nicht von irgendeinem Stern beherrscht wird.
Rabbiner Eleazar (24)

❖

Theologie und Astrologie können gemeinsam Busse, Rettung und Heilung zeigen.
Huldrych Zwingli, Schweizer Reformator (16)

❖

Die Zeichen in Himmel und Erde fehlen wahrlich nicht; sie sind Gottes und der Engel Werk, und sie warnen und bedrohen die gottlosen Staaten und Länder und haben Bedeutung.
Martin Luther, Vorwort zu einem Buch des Astrologen Johannes Lichtenberger (24)

❖

Gross ist die Würde der Seelen. Der Mensch ist nämlich nicht um der Sterne willen geschaffen, sondern die Sterne sind um der Menschen willen geschaffen. Die Astrologen zaudern aber nicht, sich an das [durch die Sterne] Vorausgesagte zu halten, dass es so und keineswegs anders kommen wird. Erlaubt sind aber Urteile und die natürlichen Beobachtungen zur Förderung der Schiffahrt, der Landwirtschaft oder der medizinischen Wissenschaft
Papst Sixtus V., Bulle von 1586 (11)

❖

Die Kometen sind heimliche verborgene werck Gottes und werden ein zeitlang uns Menschen zur Warnung fürgestellt, dass wir, in betrachtung zukünftiger straffen und grosser verenderungen, uns warhafftig zu Gott bekeren, und unser sündlich Leben bessern sollen.

Georg Caesius, 1582 (12)

❖

Die Zeichen so oben im Himmel an der Sonnen, Mond und Sternen und auch hienieden auff Erden und im Meer, so vor dem jüngsten Tag geschehen sollen, zeigen, dass der jüngste Tag nicht ferne sondern nahe für die thür sein muss.

Nikolaus von Amsdorff, Mitstreiter Luthers, 1554 (12)

IV.
Meinungen nach der Antike bis zur Neuzeit

Das Gestirn insgesamt ist ja wahrhaft der Vater aller Künste.

Theophrast von Hohenheim, genannt Paracelsus (28)

❖

Zu erkennen, was Astrologia und was Astrologus sei, so merket kürzlich ein solches Exempel: Zugleicherweis wie einer erfahren und erkennen mag, wie hie auf Erden die Menschen durcheinanderlaufen, einer hin, der andere her, der recht, der letz [verkehrt]: Also sollet ihr auch wissen, dass gleich wie untern Menschen ein Durcheinand-Laufen ist, also auch im Firmament. Der nun solchs Laufen des Gestirns als wohl als der Menschen durcheinanderlaufen erkennt, derselbig mag sich der Astrologie wohl berühmen.

Paracelsus (10)

❖

Ein Arzt, der nichts von Astrologie versteht, ist eher ein Narr zu nennen denn ein Arzt.

Paracelsus (39)

❖

Also sollte auch der Astrologus wissen, was ein jeglicher Stern für seine Arbeit für sich nimmt, damit er wisse gleich sowohl der Sternen Fürnehmen, alswohl als des Menschen. Der solches weiss, ist noch ein besserer Astrologe als der ist, der da weiss, wie sie durcheinanderlaufen.

Paracelsus (10)

❖

Also sollt ihr auch im Firmament verstehen, dass viel angefangen wird von den Sternen, das nicht mag vollendet werden, als wohl das unter den Menschen: denn die Stern und die Menschen sind gleichs Vermögens.

Paracelsus (10)

❖

Gestirn ist in dir! Das Gesetz des Christus hängt an der Sonne!

Paracelsus (11)

❖

Nur schon weil die Astrologie eine Kunst und nicht etwa irgendeine Technik ist, gebührt ihr die Ehre.

Paracelsus (28)

❖

Das sollt ihr wissen, dass Gott die Planeten und alle anderen Gestirne des Himmels nicht darum erschaffen hat, dass sie den Men-

Paracelsus

schen regieren und dessen Herr sein sollen, sondern zum Dienst des Menschen, dass sie ihm wie andere Kreaturen dienen.

Paracelsus (11)

❖

Daraus auf die erzählten Ding alle wisset, dass der Mensch muss zugeben, dass der Neumond, Vollmond, Viertelsmond etc. empfindlich sei in ihm. So nun das ist, – und es ist wahr –, so betrachtet, woher das komme. Daher kommt es, dass er in sich einen eigenen besonderen Himmel auch hat, wie der äussere ist und eine gleiche Konstellation. Darum so empfindet er die Zeit nicht nach den äusseren Planeten, aber von den inneren. Der Planet im Himmel regiert nicht dich noch mich, der in mir aber. Der Astronomus, der aus den äusseren Planeten die Nativitäten beurteilt, der irrt, denn sie tun nichts im Menschen; der innere Himmel mit seinen Planeten, der tut's, der äussere demonstriert und ist ein Zeiger des inneren … darum, weil in uns dieselben matrices [ausgebärenden Urbilder] noch sind wie aussen, darum so empfinden wir's und die, welche derselben Konstellation sind, in der Konkordanz [Übereinstimmung].

Paracelsus (22)

❖

Mag er [der Mensch] auch ein Kind des Saturn sein und dieser seine Geburt überschattet haben, so kann er sich seinem Einfluss doch entziehen. Er kann ihn überwinden und ein Kind der Sonne werden.

Paracelsus (28)

❖

Zween Ursprung sind, aus denen alle Krankheiten wachsen: Der ein aus dem Gestirn, der ander aus den Elementen. Also sind auch zweierlei Arzney, zweierlei Herkommen, und zweierlei Wirkung. Darum der Arzt sich in solchem soll befleissen, dass er die Unterscheidung wisse und erkenne, auf dass er nicht die siderische Krankheit mit der elementischen Arzneyen angreift, noch die elementischen mit der siderischen Wirkung. Denn wo die Irrung geschieht, mag sie ohne Schaden nicht zugehen. Also ist Medicina adepta die Kunst, die allein solche Erkenntnis gibt, die siderischen infektiones und expulsiones zu wissen und zu verstehen. Denn der Irrsal so in der Arzney ist, in dem dass die Arzt die siderischen infectiones nicht erkennen, dadurch sie in den Irrsal fallen, wöllen mit elementischen Arzneyen die siderischen Krankheiten vertreiben, das dann wider die Ordnung der Arzney ist.

Paracelsus (10)

❖

Der Gang des Saturn bekümmert keinen Menschen, und sein Leben verlängert und verkürzt nichts. Das Glück kommt aus der Geschicklichkeit, und die Geschicklichkeit kommt aus dem Geist.

Paracelsus (28)

❖

Im Menschen nämlich sind Sonne und Mond und alle Planeten, desgleichen auch in ihm alle Sterne.

Paracelsus (28)

❖

Alles, was aussen ist, ist auch innen. Die Erde ist nichts ohne den Himmel, denn der Himmel ist das Leben. Der Mensch ist nichts ohne den Himmel. Der Himmel ist sein Vater und die Erde die Mutter.

Paracelsus (28)

❖

Gäbe es keine Venus, so wäre die Musik niemals erfunden worden. Gäbe es keinen Mars, so wären auch die Handwerke nie erfunden worden. Also lehren uns die Sterne alle Künste, die auf Erden sind.

Paracelsus (28)

❖

Der Astrologe lehrt einen jeden Menschen, wie es um sein Gemüt (Luna), sein Herz (Sol), seine Gedanken (Mercurius) bestellt ist. Die Astrologie lehrt, nach welcher Art die Menschen sind, ob falsch oder gerecht und gut, ob tückisch oder nicht.

Paracelsus (28)

❖

So musst du auch wissen, dass die Arzneibereitung so ausgerichtet werden muss, dass sie unter die Herrschaft der Gestirne kommt, denn die Gestirne sind es, die das Werk des Arztes vollbringen.

Paracelsus (28)

❖

Das rührt aber daher, dass ein solcher Mensch sich selbst nicht kennt und die Kräfte, die in ihm verborgen liegen, nicht zu gebrauchen versteht und er ferner nicht weiss, dass er das Gestirn auch in sich trägt, dass er der Mikrokosmos ist und so das ganze Firmament mit all seinen Wirkkräften somit auch in ihm lebt.

Paracelsus (28)

❖

… wenn die Stellung dieses oder jenes Sternes so oder so ist, so sagt man, das ist zukünftig. So verhält es sich auch mit den Aspekten. Alle Welt wird das den Sternen zuschreiben, und so wird man auf die Sterne mehr halten und auf sie mehr achthaben als auf Gott.

Paracelsus (28)

❖

Der Himmel prägt uns *nichts* ein. Es ist die Hand Gottes, die uns zu seinem Ebenbild schuf.

Paracelsus (28)

❖

Das Gestirn und die Zeit sind eng miteinander verbunden. Der Himmel herrscht nicht zeitlos. Daraus folgt, dass zum Verabreichen jeder Medizin der richtige Zeitpunkt abzupassen ist.

Paracelsus (28)

❖

Und das ist das Grosse: Nichts ist im Himmel wie auf Erden, das nicht im Menschen ist. Und Gott, der im Himmel ist, ist auch im Menschen.

Paracelsus (28)

❖

Alle Künste auf Erden sind göttlich. Sie sind aus Gott, und nichts kommt aus einem anderen Grund. Der heilige Geist ist der Anzünder des Lichtes der Natur. Darum soll niemand die astronomai [Astrologie] lästern … [Paracelsus verwendete für die Astrologie meist das Wort «astronomai».]

Paracelsus (28)

❖

Wo solches gebricht [dass der Arzt kein «Astronomus»: Astrologe sei], da ist der Kranke verführt mit seinem Arzt. Denn der Arzt, der die astronomai nicht kann, der mag nicht ein vollkommener Arzt genannt werden: Denn der halbe Teil der Krankheit wird vom Firmament regiert.

Paracelsus (2)

❖

Wisse, dass der Weise Macht und Gewalt über das Gestirn besitzt und nicht das Gestirn über ihn.

Paracelsus (28)

❖

Erst wenn für den Kranken die Stunde der Heilung geschlagen hat, dann schickt ihn Gott zum Arzt – und nicht vorher. Alle, die vorher zu ihm gehen, kommen vergebens. Gott ist der Herr, der die Krankheit und die Sterne zählt.

Paracelsus (28)

❖

Ist die Seele zu einem seligen Himmel geworden, so ziert unser Herr sie mit den sieben Sternen, die St. Johannes schaute, im Buch der Geheimnisse, da er den König über alle Könige sitzen sah auf dem Throne seiner göttlichen Herrlichkeit und hatte sieben Sterne in seiner Hand [die Zahl der alten Planeten].

Meister Eckhart, ca. 1260–1329 (40)

❖

Stellae dicunt – Die Sterne sagen es!

Kaiser Friedrich II., auch Astrologe (9)

❖

Das Schicksal will's, die Sterne sagen's und der Vogelflug: Ich, Friedrich, werde der Hammer des Erdballs sein.

Kaiser Friedrich II. in Sizilien (35)

❖

Weil Gott durch die Sterne das All lenkt, kann der Teufel nicht Fürst der Welt sein: Hier ist kein Platz für den Teufel.

Tycho de Brahe (11)

❖

Die Astrologen binden nicht den menschlichen Willen an die Sterne, sondern sie räumen ein, dass es im Menschen etwas gibt, das über die Sterne erhaben ist, kraft dessen er die unheilbringenden Inklinationen der Sterne überwinden kann. Aber sofern er es vorzieht, als ein Tier zu leben, blind den Trieben zu folgen und mit dem bloss Tierischen zu verschmelzen, da muss man nicht

Gott für die Ursache dieser Verirrung ansehen. Gott hat ja gerade den Menschen so gebildet, dass er, wenn er will, die unheilbringenden Inklinationen der Sterne besiegen kann.

Tycho de Brahe in einer Rede der Kopenhagener
Universität 1579 (11)

❖

Tycho de Brahe

Gross ist die Freude und der Nutzen, wenn man einigermassen die verschiedenen Triebe und Wechselfälle im voraus erkennen kann, welche einem bevorstehen, sowohl hinsichtlich der Gesundheit als auch der anderen, der Veränderung unterworfenen Lebensverhältnisse ... Die, welche dagegen in Unwissenheit sind über das, was in den Sternen bestimmt ist, erhöhen gerade oft in ihrer Blindheit die Wirkung der Sterne. Unter glücklichen Verhältnissen nehmen sie ein solches Selbstvertrauen an, dass sie sich die Strafe der Übermütigen zuziehen. Es ist ebenso schwer, Standhaftigkeit und Gleichgewicht im Glück wie im Unglück zu bewahren. Aber die, welche voraus wissen, was die Zukunft bringt, haben es hierbei am leichtesten.

Tycho de Brahe (11)

❖

Wenn die Seele diesen Dispositionen der Planeten gemäss in ihren Kräften ein rechtschaffenes Leben führt, so kehrt sie gereinigt und entsündigt zu jener Gottheit oder Sternenintelligenz und an den Ort zurück, von wo sie herkam. Sternenintelligenz und Ort gibt genau das astrologische Geburtshoroskop an.

Agrippa von Nettesheim (16)

❖

Sind die Himmelskörper Ursachen und Zeichen von all dem, was in unserer Welt ist und geschieht, so muss die astrologische Divination allein genügen, um aus der Stellung und Bewegung der Himmelskörper aufs Zuverlässigste alles Verborgene und Zukünftige zu ersehen.

Agrippa von Nettesheim (37)

❖

Auch der Erdkreis ist mit seinen Reichen und Ländern unter die Planeten und die Himmelszeichen verteilt.

Agrippa von Nettesheim, 1486–1535 (16)

❖

Alle Sterne haben ihre eigentümliche Natur und Beschaffenheit, deren Zeichen und Merkmale sie durch ihre Strahlen auch in unserer Welt von Elementen, Steinen, Pflanzen, Tieren und deren Gliedern mitteilen. Jede Sache erhält daher gemäss der harmonischen Ordnung und von ihrem sie bestrahlenden Sterne ein besonderes Zeichen oder Merkmal eingedrückt, das den betreffenden Gestirneinfluss genau charakterisiert und eine besondere, entweder nach der Gattung oder der Art oder der Zahl des Gegenstandes von andern verschiedene Kraft in sich enthält. Es erhält somit jedes Ding zum Zwecke einer bestimmten Wirkung seinen eigentümlichen Charakter von einem Sterne.

Agrippa von Nettesheim

❖

Jedem Stern im Himmel ist eine besondere Kraft und Eigenschaft gegeben, die ihn von jedem anderen unterscheidet, und dies ist wiederum der Grund für die Verschiedenheit der Kreaturen und die Mannigfaltigkeit der Schöpfung.

Jacob Böhme, 1575–1624 (38)

❖

Was mir Zufall scheint, muss doch eine Ursache haben; Dämonen können es nicht tun, denn hätten sie die Macht, so würden sie den Bestand der Welt vernichten. Also müssen es die Sterne tun; denn nirgend anderswo in der Welt findet sich so eine bewunderungswürdige Weltordnung.

Hieronymus Cardanus, 1501–1576 (35)

❖

Jeder Stern ist ein Buchstabe. Das Zusammenwirken der Sterne ergibt den sinnvollen Inhalt der Himmelsschrift.

Johann Baptist von Helmont, 1577–1644 (28)

❖

Und wenn wir nicht leugnen können, dass Gott Kräfte verliehen hat den Quellen und Springbrunnen der kalten Erde, den Pflanzen und Steinen, den Mineralien und den Ausscheidungsteilen der niedrigsten Lebewesen, warum sollten wir dann die schönen Sterne ihrer wirkenden Kräfte berauben? Denn, da wir sehen, dass sie viele sind an Zahl und von hervorragender Schönheit und Herrlichkeit, können wir nicht glauben, dass in dem Schatz seiner Weisheit, der unendlich ist, Mangel sein kann, selbst für jeden Stern, an besonderer Kraft und Wirkung; denn jedes Kraut, jede Pflanze, jede Frucht und jede Blume, die das Angesicht der Erde schmückt, hat solche. Denn da diese nicht geschaffen wurden, nur um die Erde zu verschönern und ihr staubiges Angesicht zu bedecken und zu beschatten, sondern auch für den Gebrauch des Menschen und des Tieres, sie zu nähren und zu heilen, so wurden

41

diese unzähligen, glorreichen Körper nicht nur an das Firmament gesetzt, um es zu schmücken, sondern als Instrumente und Organe seiner göttlichen Vorsehung – wie es seinem gerechten Willen gefallen hat zu bestimmen.

Sir Walter Raleigh, «History of The World», 1614 (24)

❖

Der Himmel ist ein Spiegel der grossen Welt, darin ein Verständiger sehen kann, was auf Erden geschehen soll.

Johannes Arnd (38)

❖

Ein Doktorgrad ohne Astrologie ist wie ein Auge ohne Sehkraft.

Kursierender Spruch der Ärzteschulen von Bologna, Padua und Mailand (25)

❖

Wir sind die Schachfiguren des Schicksals. Man spielt mit uns auf dem Schachbrett des Seins. Und dann legt man uns wieder in den Kasten des Nichts.

Omar Charjams, arabischer Poet (45)

❖

Friedrich Wilhelm Schelling

… könne wohl ein Bild machen, dem der Saturnus oder die Venus aus den Augen herausscheinet.

Albrecht Dürer (22)

❖

Es gibt keine Trennung zwischen Geist, Natur und Gott, zwischen «oben» und «unten». Der Sternglaube drückt ein Urerlebnis aus. In seinen allerersten Anfängen hat er keinen religiösen Gehalt, und um so weniger ist er eine Religion. Das Urerlebnis des gestirnten Himmelsgewölbes, das die Macht eines unsichtbaren, ungreifbaren, «abstrakten Gottes» widerspiegelt, prägt der Menschenseele die Form ein, die lebend sich entwickelt ... zu immer höherem Bewusstsein.

Friedrich Wilhelm Schelling, Philosoph der Romantik (37)

❖

Von oben bis unten in der Reihenfolge der Lebewesen bewegt sich alles, schwingt sich alles empor und organisiert sich alles in ein und derselben Richtung, nämlich der des grösseren Bewusstseins.

Teilhard de Chardin (37)

❖

Verwandtes sucht, der zu den Sternen strebt.

Leibnitz (4)

❖

Ist der unendliche Raum nicht der Thron, das Symbol der Ewigkeit? Die Unsterblichkeit in den Gestirnen scheint mir die logische Ergänzung der Astronomie. Was würde uns der Himmel kümmern, wenn wir nur ein Eintagsleben auf der Erde zu führen hätten?

Camille Flammarion, Astronom (22)

❖

Halt an, wo laufst du hin?
Der Himmel ist in dir, suchst du Gott anderswo, du fehlst ihn für und für.
Angelus Silesius, «Cherubinischer Wandersmann» (22)

❖

Der Lebenslauf des Menschen ist in den Planeten vorgezeichnet.
Arthur Schopenhauer (16)

❖

Zwei Dinge erfüllen das Gemüt mit immer neuer und zunehmender Bewunderung und Ehrfurcht, je öfter und

Immanuel Kant

43

anhaltender sich das Nachdenken damit beschäftigt: der besternte Himmel über uns und das moralische Gesetz in mir.

Immanuel Kant (17)

❖

Steht nicht die Erde und alles, was schwer ist auf ihr, mit fernen Welten im Verkehr, und ist unser Körper nicht mit den entlegensten Sternen in Wechselwirkung, und haben nicht alle Konstellationen Einfluss auf das Leben, das unten in der Tiefe glimmt?

Josef von Goerres, «Rheinischer Merkur» anfangs 19. Jhs. (16)

IV.
Meinungen nach der Antike bis zur Neuzeit

C: VON ASTROLOGEN

Der Mensch kann Grosses vollbringen – wenn er sich den Einfluss der Sterne zunutze macht.
Arnald von Villanova, Astrologe und Alchimist

❖

[Die Astrologie] ... ist eine mathematische Kunst, welche vernunftsmässig demonstrieret die Eingriffe und Folgen der natürlichen Lichtstrahlen und geheimen Einflüsse der Sterne und Planeten auf jedes Element und jeden elementaren Körper zu jeder Zeit in jedem zugewiesenen Horizont ...
John Dee, Astrologe von Königin Elisabeth I. (32)

❖

Die Sterne lenken den Menschen, aber Gott lenkt die Sterne. Die Sterne gehorchen Gott, Gott selber hört auf die Gebete der Frommen.
Henricus Ranzovius, Statthalter und Astrologe (37)

❖

Alle Dinge sind dem Astrologen bekannt. Alles, was in der Vergangenheit geschehen ist, alles, was in Zukunft geschehen wird – und alles wird ihm offenbar, weil er die Wirkungen der himmlischen Bewegungen kennt, die gewesen sind, die sind und die sein werden, und weil er weiss, zu welchem Zeitpunkt sie handeln werden, und welche Wirkungen sie erzielen sollen.
Guido Bonatti, Astrologe und Professor
an der Universität Bologna (32)

❖

Die Erfahrung bezeugt, dass die schöne Göttergabe und edle Kunst von des Himmels Lauf und Wirkung durch nichts mehr in Verachtung gebracht wird, denn dass man ihr zuviel zulegt, und durch unziemlich abergläubisches Berühmen die Gelehrten von ihr abwendig gemacht. Also hab ich mich in den letzten zwei Jahren in meinen Praktiken unterstanden, solchen unmässigen

Ruhm der Astrologie zu beschneiden und anzuzeigen, dass auf die jährlichen Prognostika, so man den Kalendern anheftet, keineswegs zu bauen, sondern dass sie vielmehr zu einer ehrlichen Ergötzlichkeit und sonderlich von gelehrten, verständigen und ruhigen Leuten sollen gelesen werden: in Ansehung, dass die Kunst selber keinen solchen Grund habe, daraus einiger Zufall in specie oder anders als generaliter könnte vorgesagt werden.

Johannes Keplers Grundanschauung,
«Prognostikum» von 1598 (11)

❖

Sicher hat Gott nicht aufs Gradewohl die Bewegung [am Himmel] eingerichtet, sondern mit einem ganz bestimmten Anfang und einer ausgezeichneten Konjunktion [Zusammenstand] der Sterne beginnen lassen.

Johannes Kepler, «Mysterium cosmographicum», 23. Kap. (47)

❖

Wenn auf Grund der himmlischen Geburtskonstellation genügend Vermutungen über die Eigenschaften einer Seele vorhanden sind, so kann man auch über das allgemeine Geschick des Menschen einen nicht unbrauchbaren Schluss ziehen, der aber lediglich Vermutung ist und nichts anderes. Man kann sich freilich auch täuschen, insofern mehrere Umstände sowohl übernatürlicher Art dazwischentreten können.

Johannes Kepler, «Harmonices mundi» (11)

❖

Anderseits sage ich dir, weil du der Vertraute des Kaisers bist, freimütig heraus, was ich dem Matthias und den Böhmen niemals sagen werde, nämlich was ich bezüglich der Mitwirkung der Gestirne in dieser verwirrten Lage auf Grund der vernünftigen Astrologie für ernsthaft halte; wenn ich indessen auch nicht möchte, dass sich einer darauf verlasse und dabei das Nächstliegende und irdisch Gegebene vernachlässigt.

Johannes Kepler in einem Brief an einen
Vertrauten von Kaiser Rudolf II. (11)

❖

Da das ganze Gepräge des Himmels [das im Horoskop aufgezeichnet wurde] und alle Einzelheiten der geburtlichen Sternvereinigung nachdauern, so bleibt die Seele auch ihrer urbildlichen

Anlage durchaus getreu und gibt sie vor dem Lebensende nicht mehr auf. Bei den Durchgängen der Gestirne durch die ausgezeichneten Stellen dieser Konstellation gerät dieses Vermögen in eine Erregung, gleichsam als ob jene Stellen nicht bloss Bilder von Erscheinungen wären, die in der Seele verharren, obgleich ihre Wirkungen längst vorübergegangen sind, sondern so, als wären es wirkliche Gestirne. Sie verhält sich so, als befänden sich nicht eine, sondern beispielsweise zwei Sonnen am Himmel, die sich [in der Seele] miteinander vereinen, und als ob erst durch diese Begattung die Natur des Lebens-Vermögens nach dem vorhin Geschilderten erweckt würde.

Johannes Kepler, «Harmonices mundi», IV/7 (22)

❖

Das vitale Vermögen im Menschen hat nicht nur die den Strahlen der Gestirne eigenen Harmonien in sich, sondern auch die den Tonerscheinungen innewohnenden Harmonien.

Kepler, «Harmonices mundi» (10)

❖

Dies alles bewirkt der Himmel nicht ohne Medium, sondern die vitale Kraft der Seele behält, indem sie ihr Werk mit den himmlischen Harmonien in Einklang bringt, in diesem sogenannten Einfluss des Himmels die Führung.

Johannes Kepler (10)

❖

Daher rührt auch die Eigenschaft der menschlichen Seele, dass sie während der Zeit himmlischer Aspekte sich vornehmlich angetrieben fühlt, Angelegenheiten, die gerade unter den Händen schweben, emsig zu betreiben ... durch sie [die Aspekte] werden die einzelnen zu ihren Erwägungen und Beschäftigungen aufgemuntert, und die Gesamtheit wird geneigter zu Übereinkommen und feierlichen Abmachungen.

Johannes Kepler (10)

❖

Wie ist – nach Johannes Kepler – Astrologie überhaupt möglich?
... dass diese vitale Fähigkeit eine Art Flamme ist, im Herzen entzündet, die dann stirbt, wenn die Nahrung aufgebraucht ist, während der Geist fortdauert. Auf diese Eigentümlichkeit ihres Wesens gründet sich vornehmlich jenes wunderbare Unterneh-

men der Horoskopie. Da nämlich die vitale Kraft, die im Herzen entzündet wird und dort brennt, solange das Leben währt, in gewissem Sinn ein Tierkreis ist, da ferner dessen Wesen auf Energie und auf einem gleichsam flammenden Ausströmen beruht, so kommt es an, dass die ganze sinnlich wahrnehmbare Gestalt des

Johannes Kepler

Tierkreises in das vitale Vermögen einfliesst, sobald dieses bei der Geburt entzündet wird, und dass sie ganz und gar in es hineinwächst.

In dieser lebenden Idee des Tierkreises zeichnet die vitale Kraft nun alle Orte ein, die die Planeten in den Sternbildern einnehmen, sowie die Orte des Aufgangs, des Untergangs und des Medium Coeli. Vor allen übrigen astronomischen Gegebenheiten aber besteht weitaus die zwingendste Verbindung zwischen den Strahlenharmonien und dem Aszendenten. Die Sterne treibt eine gewisse Kraft ... Ich kann nicht anders, als diese Kraft Erkenntnisvermögen oder Geist zu nennen.

Johannes Kepler (10)

❖

Ich rede hier mit den Astrologen. Wenn ich meine Meinung sagen soll, so glaube ich, dass es am Himmel kein böses Gestirn gibt, und zwar unter anderen Gründen ganz besonders deswegen, weil sich des Menschen Natur im Bereich der Erde bewegt, die den Ausstrahlungen der Planeten eine Einwirkung auf sie selber verleiht; es ist gerade so wie beim Gehör, das, mit der Fähigkeit ausgestattet, Akkorde zu unterscheiden, der Musik eine solche Macht verleiht, dass sie den, der sie hört, zum Tanzen anreizt.

Johannes Kepler (15)

❖

Wer einmal aus dem Kelch des Pythagoras einen reichen Trunk getan, der ist entzückt von den wunderlieblichen Harmonien des Planetenreigens.

Johannes Kepler (37)

❖

Die gewöhnliche Astrologie ... kann leicht benutzt werden, um beiden Parteien zu gefallen. Ich glaube, dass man bei so gewichtigen Überlegungen nicht nur die gewöhnliche Astrologie ausschliessen sollte, sondern auch diejenige, die ich als in Übereinstimmung mit der Natur befindlich erkannt habe.

Johannes Kepler (24)

❖

Die Seele trägt in sich selbst den Gedanken des Tierkreiszeichens.

Johannes Kepler (24)

❖

49

Zwar ist die Astrologie ein närrisches und verworrenes Ding und voller Torheit ... [und hier hören die Astrologiegegner gerne auf, Kepler zu zitieren, doch der sagt weiter] ... aber doch zupft uns diese Torheit bei den Ohren und führt uns auf den Kreuzweg, der zur Rechten nach der Philosophie zugeht. Soll also niemand für unglaubhaft halten, dass aus der astrologischen Narrheit und Gottlosigkeit nicht auch ein nützliches Wissen und Heiligtum gefunden werden könnte.

Johannes Kepler (13)

❖

Endlich habe ich das ans Licht gebracht und über all mein Hoffen und Erwarten als wahr befunden, dass die ganze Natur der Harmonien in ihrem ganzen Umfange und nach all ihren Einzelheiten in den himmlischen Bewegungen vorhanden ist.

Johannes Kepler (37)

❖

Es bleibt doch dabei, dass die Menschen sowohl und mehr vom Gestirn, als eben durch Institution und Gewohnheit voneinander unterschieden werden.

Johannes Kepler (16)

❖

Welcher Astrologus einige Sach bloss und allein aus dem Himmel vorsagt und sich nicht fundiert auf das Gemüt, Seele, Vernunft, Kraft oder Leibesgestalt desjenigen Menschen, dem es begegnen soll, der gehe auf keinem rechten Grund. Und so es ihm gerate, sei es Glücksschuld.

Johannes Kepler

❖

Die Philosophie und also auch die wahre Astrologie ist ein Zeugnis von Gottes Werken und also ein heilig, gar nicht leichtfertiges Ding, das will ich meinesteils nicht verunehren.

Johannes Kepler an Wallenstein (13)

Alle Wissenschaft beginnt mit der Erfahrung ... Alles nun, was in der Astrologie einer Erfahrung gleichsiehet, das halte ich für würdig, das man darauf acht habe, ob es sich gewöhnlich so verhält und zutrage: Und wenn es sich dann fast zu einer Beständigkeit anlasset, so halte ichs nun ferner für würdig, dass ich der Ursache nachtrachte, verwerfe es auch nicht ganz und gar, wenn ich schon die Ursache nicht völlig erlernen kann.

Johannes Kepler (10)

❖

Vergebens wird der Sterndeuter in der Gestirnsvereinigung meiner Geburtszeit die Wachstumsgründe meiner naturwissenschaftlichen Entdeckungen suchen: die Verhältnisse in den himmlischen Bahnen aus dem Jahre 1596, die Lehre vom Sehen aus dem Jahre 1604, die Erkenntnis der eigentlichen Kreisabweichung der Wandelsterne aus dem Jahre 1618 … Es war nicht das Himmelsbild, das die kurz vorher aufgeflackerte Flamme meiner lebendigen Seele zu kräftigem Schaffen anwehte, sonder lag tiefer im Innern meiner Seele beschlossen, wie das Platos Lehre erläutert.

Johannes Kepler (22)

❖

Nur einen Nutzen ganz allein kann man der Sternenvereinigung meines Horoskops [im Steinbock] zubilligen: sie hat die schwach leuchtende Kerze meines Geistes und meiner Urteilskraft stets sauber gehalten und meine Seele zu unermüdeter Arbeit und Wissbegierde angespornt.

Johannes Kepler (22)

❖

Zwanzig Jahre emsiger Praxis haben meinen rebellischen Geist von der Astrologie überzeugt.

Johannes Kepler (3)

❖

Es sind nun schon zehn Jahre her, dass ich jene schrecklichen Kriege, welche Italien zerrütten, vorausgesagt habe. Wer mich zu jener Zeit verlachte, sieht nun doch, welche grossen Dinge Gott durch die Gestirne ausrichtet. Auch den Ruin des Papstes, die Veränderungen der Gesetze, die Gefangenschaft des Königs Franz, den Bauernkrieg habe ich vorausgesagt, und zwar nicht aufs ungefähr, sondern gestützt auf astrologische Grundsätze.

Willibald Pirkheimer, vertrautester
Freund von Albrecht Dürer (22)

V.
Meinungen in der Neuzeit

So gilt für drei dem Menschen zugeordnete Rhythmen – Atemzug, Erdentag und Lebensdauer – ein eindrucksvoller Zusammenhang mit dem grossen kosmischen Rhythmus des Weltenjahres. Es wäre sicherlich verfehlt, in dem aufgezeigten Zusammenklang nur eine bedeutungslose Zahlenspielerei oder puren Zufall erblicken zu wollen. Vielmehr offenbart sich hierdurch ein menschlich-kosmischer Rhythmus-Zusammenhang, man könnte sagen eine Rhythmus-Verwandtschaft.

Dr. med. H. Hardt, «Selecta 1968» (16)

❖

Fachlicher Hochmut steht dem Astrologen ebensowenig an wie dem Arzt, wenn er seine Intuition für ein Verdienst seiner Disziplin hält, ohne sich zu beugen vor jenen geheimnisvollen Kräften, denen er seine Erfolge auch verdankt. Faktoren der bewussten und der unbewussten Psyche überlagern also Wert und Ergebnisse auch mathematischer Methoden.

Dr. med. K. Hagenbuchner, «Psychiatrie und Kosmobiologie» (16)

❖

Heute ist das Geburtsbild für mich ebenso ein Hilfsmittel wie der Blutdruckapparat oder das Stethoskop.

Dr. med. Müller-Freywardt, Autor astrologischer Schriften (16)

❖

Meine Untersuchungen zeigen, welchen Nutzen der Arzt aus dem Studium der medizinischen Astrologie ziehen kann. Abgesehen von dem allgemeinen Interesse, das die Kenntnis des kosmischen Einflusses bietet, kann man die Kunst zur Diagnostik anwenden. Wir sollten keinen Faktor versäumen, der uns darin unterstützt, unseren Mitmenschen zu helfen.

Dr. med. Allendy (16)

❖

Periodische Einflüsse sind bei der Krankheitsbehandlung erkennbar, die jeweils entsprechende Heilmittel notwendig machen.

Dr. med. W. Folkert, arbeitete auch als Astrologe und Heiler (16)

❖

Im Kosmos ist eben doch eine unheimliche, nicht zu bestreitende Ordnung, die man erst erkennt, wenn man «sammelt», wie in der Botanik, in der Tierwelt. Jeder Arzt, der sich die gleiche Mühe macht, wird zu gleichen Ergebnissen kommen.

Dr. med. W. Folkert (16)

❖

An Sonne und Mond liest der Christ wie an «himmlischen Buchstaben» den Text von der Schönheit Gottes, und was sich an den kosmischen Gestirnen begibt, ist ihm göttliche Andeutung dessen, was sich im Mysterium des menschgewordenen Logos enthüllt und vollendet hat.

Hugo Rahner, Jesuitenpater, Innsbruck (16)

❖

Wenn die Gestirne den Himmel regieren und die Jahreszeiten bewirken, warum sollen sie dann nicht auch die kleinen menschlichen Schicksale leiten und beeinflussen?

Philipp Schmidt, Jesuitenpater, «Astrologische Plaudereien» (11)

❖

Tatsächlich erblickte auch der antike Mensch in den Sternen geradezu Gottheiten, wie noch die heidnischen Götternamen beweisen, die man zur Zeit der altgriechischen Kulturperiode ihnen beigelegt hat. Aber wenn man sie auch nicht als Gottheiten verehrte, so schrieb man ihnen doch allerhand Einflüsse auf menschliche Geschicke zu. Man hielt Menschengeschick und Sterne durch unlösbare Bande verknüpft. Aufgabe des Astrologen war es, diese Einflüsse zu erforschen und zu deuten.

Philipp Schmidt (11)

❖

Die Kunst des Astrologen erfordert jahrelange Übung, viel Menschenkenntnis und Lebenserfahrung und besonders eine kombinatorische, intuitive Phantasie.

Philipp Schmidt (11)

❖

Wer Astrologie ohne Religion betreibt, mag natürlich dem Fatalismus verfallen.

Prof. Dr. Adolf Köberle (11)

❖

Im Zeitalter der Hektik und Betriebsamkeit geht von der Begegnung mit der Sternenwelt eine beruhigende Wirkung aus. Es bedeutet Entspannung und führt zu innerer Zufriedenheit, wenn man sich einem grösseren Schöpfungszusammenhang aussetzt, in dem sich die Gesetze des Kommens und Gehens in unvergleichlich längeren Zeiträumen abspielen als im menschlichen Alltag. Der Sternenhimmel erscheint uns als ein Sinnbild für ruhiges Gleichmass und zeitlose Dauer. Ein solcher Hintergrund kann heilsam sein und zu grösserer Gelassenheit gegenüber den Ansprüchen des Tages verhelfen.

Detlev Block, Pfarrer, «Astronomie als Hobby» (6)

❖

Die Astrologie ist keine rationale, sondern eine empirische Wissenschaft. Ihre Angaben sind gültig, insofern sie sich in der Praxis bewahrheiten. Sofern die Astrologie behauptet, dass die Sterne einen Einfluss auf den Menschen ausüben, enthält sie nichts der Wissenschaft oder dem Glauben Widerlaufendes. Sie ist eine Wissenschaft von den Ursachen [causarum] und nicht von unentrinnbaren Gegebenheiten [fatalitatem]. Die Sterne zwingen nicht [non necessitant], sie machen nur geneigt [inclinant].

Garezzo, Franziskanerpater (37)

❖

Die Astrologie beruht demnach auf erfahrungsmässigen und nicht auf rationellen Voraussetzungen. Ihre Behauptungen haben nur insofern Wert, als sie sich tatsächlich bewahrheiten. Es gilt also, sie nach ihrem objektiven Wert einzuschätzen. Insofern sie behauptet, dass gewisse Sterneinflüsse auf die Menschen einwirken, enthält sie nichts der Wissenschaft und dem Glauben Gegenteiliges.

Garezzo (38)

❖

Man braucht nur einen Augenblick die Binde des Vorurteils zu entfernen, um zu sehen, dass eine universelle Wissenschaft [gemeint ist die Astrologie], allenthalben mit dem verbunden, was

den Menschen als Heiligstes galt, nicht das Produkt von Verrückt-
heit und Dummheit sein kann, wie es die Masse der Moralisten
hundertmal wiederholt hat.

Papus (Dr. Gérard Encausse), okkultistischer Schriftsteller (11)

❖

*Was oben ist, ist wie das, was unten ist – dazu nimmt Papus wie
folgt Stellung:*
Die Analogie der Konstitution des Menschen in ihren drei Prinzipien Geist, Seele, Körper mit der Konstitution einer Kutsche in
Kutscher, Pferd, Wagen ist klar genug, um die Lösung merkwür-
diger Probleme zu erlauben, und doch besteht zwischen diesen
beiden Dingen weiss Gott recht wenig Ähnlichkeit. So sagt auch
Trismegistos: Was oben ist, ist wie das, was unten ist. Und er sagt
nicht: Was oben ist, ist unten.

Papus (11)

❖

Die Ägypter, die Chaldäer, die Phönizier trennten die Astrologie
nicht von der den Kult der Götter regelnden Wissenschaft, ihre
Tempel waren nur ein abgekürztes Bild des Universums, und der
Turm, der als Observatorium diente, erhob sich zur Seite des Op-
feraltars. Die Peruaner folgten in dieser Hinsicht denselben Bräu-
chen wie die Griechen und die Römer. Überall verband der Hohe
Priester mit dem Priestertum die «genethliatische» oder astrologische Wissenschaft und verbarg sorgfältig in der Tiefe des Heilig-
tums die Prinzipien dieser Wissenschaft. Sie war ein Staatsge-
heimnis bei den Etruskern und in Rom, wie sie es noch in China
und Japan ist. Die Brahmanen vertrauten die Grundlagen davon
nur denen an, die sie für würdig erachteten, eingeweiht zu werden.

Papus (11)

❖

Ohne in eine Diskussion der Astrologie einzutreten, möchte ich
ausgesprochen haben, dass die überzeugende Richtigkeit von
kundiger Hand hergestellter Charakter-Horoskope nur der be-
streiten kann, der nicht sehen will, der gar nichts prüfte.

Dr. G. R. Heyer, Arzt, «Der Organismus der Seele», (37)

❖

Beim Ausbruch des naturwissenschaftlichen Zeitalters verdammt
und verbrannt, war das astrologische Denken jedoch nicht aus-

zulöschen, und heute entdecken die Rationalisten in den Sackgassen ihrer Statistiken unerklärliche Zusammenhänge zwischen Mondphasen und Selbstmordraten, Geburtenziffern und Häufigkeiten von Verkehrsunfällen.

«Mondkalender 1982», Buchhandlung 777, Wien (39)

❖

Ob die wechselnden Antworten der Zukunft auf die faustische Frage, was denn nun die Welt im Innersten zusammenhalte, den Grundvoraussetzungen der Astrologie immer so unähnlich sein müssen, wie es bis vor wenigen Jahren schien, das zu entscheiden wäre so kurz nach dem Zusammenbruch einer jahrtausendealten Weltanschauung vermessen; um so vermessener, da die neueste Kosmophysik und Biologie bereits begonnen hat, mit der Rolle von Sonne, Mond und Sternen im irdischen Geschehen wieder ernstlich zu rechnen.

Franz Boll, Geschichtsschreiber (4)

❖

So seltsam wie alles an der Astrologie den modernen Menschen berühren mag, so gewiss ist sie ein paar Jahrtausende lang eines der wesentlichsten Stücke im geistigen Gemeinbesitz der Menschheit gewesen, und ihre Literatur darf im umfassendsten Sinne Weltliteratur heissen. Vielleicht in ihr allein haben sich Ost und West, Christen, Mohammedaner und Buddhisten mühelos verstanden.

Franz Boll, Carl Bezold (4)

❖

Nie wieder wird es möglich sein, die astrologische Technik einfach als diffuse, gespenstische und geheimnisvolle Tätigkeit abzuwerten – oder als Spielzeug undisziplinierter Telepathen – oder einfach als gewinnträchtigen Kunstgriff skrupelloser Quacksalber. Diejenigen, die aus einem Vorurteil heraus dies weiterhin tun wollen, mögen schweigen oder aber jene Experimente selbst wiederholen.

Vernon Clark, amerikanischer Psychologe, führte 1960
sehr strenge astrologische Tests durch (20)

❖

Denn in einer Zivilisation, die von Wechsel und Umwälzungen gekennzeichnet ist, von Kriegen, gesellschaftlichen und politischen Revolutionen, von zunehmender Geisteskrankheit und nervösen Störungen, vermittelt die Astrologie etwas, das im täglichen Leben so sehr fehlt: Struktur, Rhythmus, Ordnung. Diese Funktion der Astrologie ist es, die in der Vergangenheit viele grosse Denker wie Platon, Ptolemäus, Johannes Kepler und Isaac Newton angezogen hat. Und dies ist es auch, warum die Astrologie nach wie vor mehr Menschen anzieht als jede andere unorthodoxe Theorie vom kosmischen Einfluss auf das menschliche Leben.

Derek Parker, Journalist (20)

❖

Die Kulturphilister haben bis vor kurzer Zeit gemeint, dass die Astrologie seit langem überwunden sei, und dass man sie heute ruhig verlachen könne, aber heute erhebt sie sich aus den sozialen Tiefen und klopft an die Tür der Universitäten, aus denen sie vor dreihundert Jahren verbannt wurde.

C. G. Jung (20)

❖

Die Versuche des menschlichen Geistes, Typen zu konstruieren und damit Ordnung in das Chaos der Individuen zu bringen, sind uralt. Den ältesten nachweisbaren Versuch dieser Art hat die dem alten Orient entstammende Astrologie unternommen. Was aber die astrologische Typologie anbelangt, so steht sie zum Erstaunen der Aufklärung immer noch aufrecht da und erlebt heute sogar eine neue Blüte.

C. G. Jung (16)

❖

Obwohl man keineswegs des näheren weiss, worauf sich die Gültigkeit eines Nativitätshoroskops gründet, so ist die Möglichkeit eines kausalen Zusammenhangs planetarer Aspekte mit psychologischen Dispositionen doch denkbar geworden.

C. G. Jung (15)

❖

Die Astrologie aber, welche in unserer Zeit eine nie zuvor erreichte Höhe erklommen hat, ist geblieben. Auch der Determinismus des naturwissenschaftlichen Zeitalters hat es nicht vermocht, die Überzeugungskraft des Synchronizitätsprinzips gänzlich auszulöschen. Es handelt sich dabei eben letzten Endes nicht um einen Aberglauben, sondern um eine gewisse Wahrheit, die nur darum so lange nicht gesehen worden ist, weil sie weniger mit dem materiellen Aspekt der Ereignisse als vielmehr mit derem psychischen zu tun hat.

C. G. Jung (15)

❖

Wir werden in einem vorausbestimmenden Augenblick geboren, an einem vorausbestimmenden Platz, und haben, wie der Jahrgang des Weines, die Qualität des Jahres und der Jahreszeit, in

C. G. Jung

58

der wir zur Welt kamen. Nicht mehr und nicht weniger behauptet die Astrologie.

C. G. Jung (15)

❖

Das Horoskop entspricht einem bestimmten Augenblick der gegenseitigen Unterhaltung der Götter, das heisst seelischer Archetypen.

C. G. Jung (25)

❖

Soviel ich beurteilen kann, wäre es zum Vorteil der Astrologie, wenn sie sich über die Existenz der Psychologie Rechenschaft gäbe, vor allem über die Psychologie der Person und des Unbewussten.

C. G. Jung (42)

❖

Die Astrologie besteht aus symbolischen Konfigurationen, ebenso wie das Kollektive Unbewusste, mit welchem sich die Psychologie befasst: Die Planeten sind die Götter, sind Symbole der Mächte des Unbewussten.

C. G. Jung (42)

❖

Die Wissenschaft fing bekanntlich bei den Sternen an, in welchen die Menschheit ihre Dominanten des Unbewussten, die sogenannten «Götter» entdeckte; ebenso die seltsamen psychologischen Qualitäten des Zodiakus: eine ganze projizierte Charakterlehre.

C. G. Jung (23)

❖

Das kollektive Unterbewusste scheint – soweit wir überhaupt etwas darüber sagen können – aus mythologischen Motiven oder ursprünglichen Imagines zu bestehen. Aus diesem Grunde sind die Mythen aller Nationen seine echten Exponenten. In der Tat liesse sich die ganze Mythologie als eine Art Projektion des kollektiven Unbewussten auffassen. Am klarsten können wir dies sehen, wenn wir die Himmelskonstellationen betrachten, deren ursprünglich chaotische Formen durch die Projektion von Imagines organisiert wurden. Dies erklärt den von den Astrologen behaupteten Einfluss der Gestirne. Diese Einflüsse sind nichts als unbewusste introspektive Wahrnehmungen der Aktivität des kollektiven Unbewussten.

C. G. Jung (31)

❖

Es schaut die dunkle Psyche wie einen Sternenhimmel, dessen Planeten und Fixsternkonstellationen die Archetypen (das heisst: überindividuelle Dominanten der menschlichen Seele und ihrer Gestaltungen) in ihrer ganzen Luminosität [Leuchtkraft] und Numinosität [Göttlichkeit] darstellen. Der Sternenhimmel ist ja in der Tat das aufgeschlagene Buch der kosmischen Projektionen, die Widerspiegelung der Mythologeme, eben der Archetypen.

C. G. Jung

❖

Jedermann ist ein Produkt des Mythos; die alten Überlieferungen sind immer noch die besten Schlüssel zur menschlichen Psyche.

Prof. Joseph Campbell

❖

Frühere Zeiten haben zu den Sternen gebetet oder nach den Sternen die Menschen kuriert; die heutige Zeit wird ihnen die Innenschau lernen und ein Stück Lebenskunst.

Emil Saenger (35)

❖

Es leuchten gleich Sternen
Am Himmel des ewigen Seins
Die gottgesandten Geister,
Gelingen mög' es allen Menschenseelen
Im Reich des Erdenseins
zu schauen ihrer Flammen Licht.

Rudolf Steiner (17)

❖

Die Astrologie ist heute nicht mehr in das verlachte Gebiet des Aberglaubens verwiesen, sondern vielfach als sehr ernst zu nehmende Wissenschaft anerkannt.

Felix Weingartner (37)

❖

Ich bin Historiker, ich habe nur begreifen wollen, was seit dreitausend und noch mehr Jahren Menschen in den Sternen suchen; zu richten oder zu urteilen über diese Menschen habe ich nicht.

Nur eines ist mir erlaubt: das ist die Achtung vor dem Menschen, welcher sucht.

Will Erich Peukert, Professor für Volkskunde und Geistesgeschichte (15)

Rudolf Steiner

❖

Das grosse Offenbarungsbuch, welches jene begeisterte Menschseele las, war der Himmel, die Sterne waren Buchstaben, die Worte Konstellationen und die Kapitel Astralperioden. Dort lesend, hatte die Menschheit ihre irdische Ordnung nach der grossen Weltuhr gerichtet und zugleich ihre Philosophie, ihre Ethik, ihre Sozialbegriffe danach modelliert und gebessert.

Andrzej Niemojewski (17)

❖

So lösen wir uns von dem persönlichen Schicksal, sehen uns hineingestellt in eine heute noch immer unheimliche Welt mit verborgenen Gesetzen und verstehen, weshalb die Phantasie der Menschen, ihr Denken und ihr religiöses Leben von jeher sich mit diesen Naturereignissen beschäftigt hat.

Prof. W. Kollath, «Epidemien in der Geschichte der Menschheit» (16)

❖

Astrologie ist – genau wie die Medizin – eine Wissenschaft, die echte Phänomene in sich birgt.

Dr. Sampuranand, ehemaliger indischer Ministerpräsident

❖

Der Kosmos ist ein chaotischer Wahnsinn von Wellenstrukturen, von denen einige auf der Erde zum Orchester eines organisierten Lebenssystems zusammengetreten sind. Die Harmonie zwischen beiden kann nur mittels einer Partitur gelesen werden, und von allen Möglichkeiten, die uns derzeit offenstehen, scheint die Astrologie (trotz ihrer verrückten Ursprünge und ihrer teilweise noch verrückteren Anhänger) die beste Interpretation anzubieten.

Lyall Watson, Wissenschaftler (20)

❖

Die Astrologie geht von der Prämisse aus, dass Himmelsphänomene auf das Leben und auf die Vorgänge hier auf der Erde einwirken. Kein Wissenschaftler und vor allem kein Biologe, der mit den neuesten Arbeiten über das Wetter und über natürliche Rhythmen vertraut ist, kann leugnen, dass die astrologische Grundvoraussetzung als erwiesen gilt.

Lyall Watson (16)

❖

Ich bin als Physiker an die Sache [Astrologie] herangegangen mit aller Skepsis … Ich habe den Eindruck gewonnen, einfach in der Beschäftigung damit, dass empirisch etwas dran ist. Ich bin zwar skeptisch gegen die Astrologen, aber ich bin auch skeptisch gegen die Meinung der Physiker.

Carl Friedrich von Weizsäcker (16)

❖

Die Beklagte erhebt die Astrologie zur Würde einer exakten Wissenschaft.

Aus dem Urteil eines Gerichts in New York, vor dem die Astrologin Evangeline Adams angeklagt war (20)

❖

Die Astrologie ist der Schlüssel zur Geistesgeschichte der Menschheit.

Robert Henseling, 1923 (2)

❖

Ich kann mir nicht vorstellen, dass Gott mit dem Kosmos Würfel spielt.

Albert Einstein, «Observer» vom 5. 4. 1964 (25)

❖

Die Astrologie ist eine Wissenschaft für sich. Aber eine wegweisende. Ich habe viel aus ihr gelernt und vielen Nutzen aus ihr ziehen können. Die physikalischen Erkenntnisse unterstreichen die Macht der Sterne über irdisches Geschick. Die Astrologie aber unterstreicht in gewissem Sinne wiederum die physikalischen Erkenntnisse. Deshalb ist sie eine Art Lebenselixier für die Gesellschaft.

Albert Einstein (11)

❖

Sieben ist die Zahl der auf dem Himmelsdamm wandelnden Verkünder, die Zahl der Tage zwischen den vier Hauptphasen des Mondes, unsere Siebentagewoche ist eine Frucht alten Gestirn-

Albert Einstein

63

glaubens, sieben Tonstufen unterscheidet unser Ohr in jedem Oktavenintervall. Sieben ist die Zahl der hellen Sterne in besonders auffallenden Sternbildern.

Robert Henseling (11)

❖

So ist die Astrologie ein uralter Versuch der Menschheit, Schicksal zu enthüllen und mit dem Satz «die Sterne zwingen nicht, sie machen nur geneigt» Bestimmung und Raum der Freiheit zu vereinen. Moderne Astrologen – unter denen sich neben vielen Phantasten auch Psychologen und Psychotherapeuten finden – weisen darauf hin, dass das Horoskop ein Diagramm der Anlagen sei, das zugleich Tendenzen der Entwicklung erkennen lasse und auch ermögliche, in einem gewissen Masse das dem Menschen begegnende, anscheinend von aussen auf ihn Zukommende zu erkennen.

Prof. Hans Bender (45)

❖

Für die Astrologie der Naturwissenschaft gegenüber eine Lanze zu brechen, war mir seit langem ein Bedürfnis. Ich glaube, auch in geistigen Dingen gibt es eine Ritterlichkeit.

Ernst Jünger, zitiert nach Paul Jungschlaeger (16)

❖

Ich hoffe, Sie sind skeptisch! Ich hoffe, Sie halten nichts von Wahrsagerei, Kismet-Fatalismus und Jahrmarktsastrologie. Ich hoffe, dass Ihnen das Illustrierten-Horoskop ebenso suspekt ist wie sterndeuterische Schicksalsbefragung. Gut, dann – aber nur dann–, sollten Sie sich ernsthaft mit Horoskopie beschäftigen. Lernen Sie mit ihrer Hilfe an sich selbst erfahren, was unter Bergen von Aberglauben verschüttet liegt: eine mögliche Wahrheit dessen, was man Astrologie nennt. Seien Sie nicht damit zufrieden, dass Sie «Löwe», «Zwilling» oder «Stier» sind und damit die «Eigenschaften» von Löwe, Zwilling oder Stier haben. Horoskopie ist mehr und ganz anders. Lernen Sie mit einem Horoskop leben!

Ernst Stankovski (26)

❖

Aber bleiben Sie skeptisch! Misstrauen Sie dem Mief von tausend Jahren, der sich auf den Mantel der «Königin der Wissenschaften» gelegt hat. Misstrauen Sie ihren Hofmeistern und Marschallen, ihren Adepten wie ihren Verdammern. Suchen Sie den einfachen Weg. Erfahren Sie die Sterne in sich. Aber Sie brauchen eine gute Karte oder einen Führer, der den Weg weiss …

Ernst Stankovski (26)

❖

Demoskopen sind Astrologen ohne Sterne.

Arthur Brownell

❖

Man muss sich unbedingt davon lösen, die Astrologie als Wissenschaft oder Kunst anzusehen, sondern sie ist auf eine «höhere» Stufe zu stellen, eher als Erkenntnishilfe zu betrachten.

Rymond Abellio, «La Fin de L'ésotérisme» (25)

❖

Wie man den Einfluss der Sterne abstreiten kann, geht über mein Fassungsvermögen.

Marlene Dietrich (16)

❖

Marlene Dietrich

Radikales Negieren *a priori* [von vornherein] darf der kritische Philosoph nur da kennen, wo innere Widersprüche vorliegen, und das ist bei der astrologischen Lehre mit Sicherheit nicht der Fall. Dass der Zeitgeist diese angeblich überwunden habe, besagt gar nichts.

Prof Dr. Hans Driesch (37)

❖

Man kann im astrologischen Gebiet an unbekannte Kausalwirkungen denken, man kann aber auch mit dem aus der Biologie bekannten Begriff der «Korrelation» arbeiten ... Warum sollten nicht, wenn das Universum, wenigstens seinen grossen Zügen nach, ein Ganzes ist, siderische Konstellationen mit menschlichen Potenzen und Schicksalen in «Korrelation» [Wechselbeziehung] stehen?

Prof Dr. Hans Driesch (37)

❖

Die Astrologie knüpft stets an die Grundansicht an, dass das Universum ein geordnetes Ganzes, also gleichsam ein Organismus ist. Auf dem Boden dieser Grundansicht wird nun nicht etwa der kausale Einfluss der Gestirne auf das Menschenschicksal behauptet, sondern Sternkonstellationen und Schicksale stehen in akausaler Korrelation zueinander; das eine ist Indizium für das andere, so wie etwa im besonderen Reich des Biologischen die Tatsache, dass ein Säugetier ein Zweihufer ist, ein Indizium dafür ist, dass er auch einen Wiederkäuermagen besitzt.

Prof Dr. Hans Driesch (37)

❖

Wenn man bedenkt, auf welche Weise Sonne, Mond und Planeten die physikalischen Dinge auf der Erde beeinflussen, dann ist nichts Ungereimtes an der Naturauffassung, dass sie auch den Körper des Menschen beeinflussen.

Annie Besant, ehemals Präsidentin der
Theosophischen Gesellschaft (24)

❖

Zunächst besteht die Tatsche, und sie ist mit aller Voreingenommenheit nicht aus der Welt zu schaffen, dass eine Beziehung zwischen Erde, Sonne und Planeten da ist, die man zwar in der Naturwissenschaft noch nicht oder doch nur höchst äusserlich kennt, die aber seit Jahrtausenden von der Astrologie schon in ihrer Auswirkung erkannt und teilweise sehr eingehend bestimmt worden ist.

Edgar Dacqué (37)

❖

Ich kann mir einfach nicht vorstellen, dass das ganze Universum ohne so etwas wie einen göttlichen Willen entstanden ist.

Wernher von Braun (16)

❖

Der Zweck des Horoskops ist, den Menschen zur Selbsterkenntnis zu führen. Die so erhaltene Selbsterkenntnis soll dann dazu beitragen, die guten Eigenschaften des Charakters zu stärken, die schlechten allmählich durch ernstes Streben abzuschwächen und auszumerzen und das Ganze harmonisch zu gestalten. So verbessern wir unser Schicksal, denn es ist das Ergebnis unseres Charakters.

René Fülöp-Miller, «Kampf um den freien Willen» (11)

❖

Die Astrologie ist genau so exakt wie die Mathematik und die Psychologie: ergo eine wahre Wissenschaft.

Prof. Dr. Hans Holzer, Psychologe (16)

❖

… Wer sich in den Kosmos einzufügen weiss, der sieht auch die befreienden Grenzen der Astrologie nach oben. Freilich

Annie Besant

67

verstricken sich die meisten durch sie in eine Abhängigkeit vom Fatum, die ärger ist als die der gänzlich Blinden, oder sie wenden sich enttäuscht von ihr ab, weil auf sie so wenig Verlass ist.

Manfred Kyber, «Einführung in das Gesamtgebiet des Okkultismus», 1923 (11)

❖

An dieser Stelle mag beiläufig des grössten aller Dienste gedacht werden, welche die Sternkunde der Menschheit erwiesen hat. In ihr sind die Ideen der Gottheit und der Gesetzmässigkeit zum erstenmal zusammengetroffen. Von hier aus hat sich über die Begriffe der Ordnung und der Regel zuerst ein verklärender Schimmer des Göttlichen ergossen und, was noch mehr besagt, der Begriff der Götterherrschaft ist davor bewahrt geblieben, mit jenem der Willkürherrschaft zusammenzufliessen und zu untragbarer Einheit zu verschmelzen.

Th. Gompertz, «Griechische Denker», 1903 (10)

❖

Theoretische Schwierigkeiten des «Wie» sind im Falle der Astrologie kein Einwand wider die Feststellung des «Dass». Schneller als verneinende Spekulation, geboren aus Voreingenommenheit und Zweifelssucht, kann im Falle der Astrologie der Weg der Erfahrung zum Ziele führen.

Johann Maria Verweyen, «Weltgeheimnis und Probleme des Okkulten», 1926 (37)

❖

Nur Unbefangenheit mit recht verstandener Voraussetzungslosigkeit, allseitiger Wirklichkeitssinn sind die berufenen Instanzen, um über Möglichkeit und Unmöglichkeit der Astrologie zu entscheiden. Die Tat der Astrologie, die wirkliche Leistung in Form von Diagnose und Prognose, macht unfruchtbarem Grübeln über ihre Möglichkeiten ein Ende.

Johann Maria Verweyen, «Zur Prinzipienfrage der Astrologie», 1927 (37)

❖

Als wissenschaftlich geschulter, logisch und klar denkender, vorurteilsfreier Mensch muss man zu der Überzeugung kommen, dass hier eine Naturgegebenheit vorliegt, die einfach nicht von der Hand zu weisen ist. Es kann meiner Überzeugung nach nicht geleugnet werden, dass ein kosmischer Einfluss bei der Bildung des menschlichen Individuums vorliegt, den man, unter Verwendung des symbolisch eingekleideten Werkzeugs der Astrologie, einwandfrei nachweisen kann. Das ist eine Erkenntnisstufe, die ich mir erkämpft habe, allem skeptischen Widerstand des Biologen in mir zum Trotz.

Karl Gruber, «Die Erde» (37)

❖

Das ganze Weltall schwingt in dauerndem Bewegen, willst du im Gleichklang sein, musst du dich selber regen. Es muss ein jeder Stern den Weltenraum durcheilen, und nichts, was leben will, darf ruhen und verweilen.

Helmut Presser (37)

❖

Ich finde verwirrende Richtigkeiten in allem, was die Astrologie betrifft.

Henry Miller (24)

❖

Die Astrologie erklärt nicht die Gesetze des Universums und auch nicht, warum das Universum existiert. Was sie tut, ist, mit einfachen Worten ausgedrückt, folgendes: Sie zeigt uns, dass es eine Beziehung gibt zwischen Makrokosmos und Mikrokosmos, kurz, dass es einen Rhythmus im Universum gibt, und dass das Leben des Menschen an diesem Rhythmus teilnimmt. Jahrhundertelang haben Menschen die Natur dieser Beziehung studiert und beobachtet. Ob die Astrologie nun eine Wissenschaft ist oder eine Pseudowissenschaft – die Tatsache bleibt bestehen, dass die ältesten und grössten Zivilisationen, die wir kennen, sie viele Jahrhunderte hindurch als Grundlage ihres Denkens und Handelns benutzt haben. Dass sie zu reiner Wahrsagerei entartet ist und warum, ist eine andere Geschichte.

Henry Miller (24)

❖

Nicht um zu entdecken, was uns «geschehen» wird, nicht um den Schlägen des Geschicks zuvorzukommen, sollen wir unsere Horoskope betrachten. Ein richtig gelesenes Horoskop soll uns in die Lage versetzen, die allgemeine Situation unseres Lebens zu verstehen. Es soll einem Menschen die Tatsache stärker zum Bewusstsein bringen, dass sein eigenes Leben den gleichen rhythmischen, zyklischen Gesetzen gehorcht wie andere Naturphänomene. Es soll ihn darauf vorbereiten, Veränderungen, ständigen Wechsel willkommen zu heissen und zu verstehen, dass es nichts Gutes und nichts Böses gibt, sondern nur die beiden zusammen in wechselnden Graden. Und dass aus dem, was scheinbar böse ist, Gutes kommen kann und umgekehrt. Die Astrologie kann in der Tat eine Wissenschaft des In-Beziehung-Setzens genannt werden, deren erste Frucht der Ausspruch ist: Schicksal ist Charakter!

Henry Miller (24)

❖

Henry Miller

Auf der Strasse wurde ich geboren ... Geboren mit Widder im Aszendenten, der eine feurige, aktive, energische und ziemlich ruhelose körperliche Verfassung verleiht. Mit Mars im neunten Haus.

Henry Miller (16)

❖

... dass manch Gläubiger für sein Glück keine Astrologie brauche, und wer sie betreibe ohne Beziehung zum Ewigen, begebe sich in die Gefahr, schwarze Magie zu praktizieren.

Candi (Prof. Dr. Leo C. Mohlberg) (16)

❖

Vorausschauend lässt sich sagen, dass die Astrologie berufen zu sein scheint, alle anderen Wissenschaften aus der Sackgasse des geistlosen Rationalismus und Materialismus herauszuführen, in die sie sich seit etwa hundert Jahren verrannt haben, das heisst eine Plattform zu schaffen, auf der die Wissenschaft mit dem Glauben Wirklichkeit werden kann. Eine solche Entwicklung wäre eine der wesentlichen Voraussetzungen für die Überwindung der gegenwärtigen geistigen Krise, die die Kultur des Abendlandes mit endgültigem Untergang bedroht.

Candi (16)

❖

Um dich nun von der abergläubischen Auffassung der Astrologie, wie sie im Volke umgeht, zu befreien, musst du wissen, dass es sich bei der wahren Astrologie nicht um eine Wahrsagerei, sondern um eine echte Psychologie und Typologie handelt.

Candi (16)

❖

In meinem Brief an Indu habe ich ihr vorgeschlagen, dich zu bitten, ein richtiges, von einer kompetenten Person angefertigtes Horoskop zu beschaffen. Solche ständigen Aufzeichnungen des Datums und der Zeit der Geburt sind wünschenswert.

Jawaharlal Nehru, früherer indischer Premierminister,
in einem Brief an die Schwester (24)

❖

Gewaltlos wischt es [gemeint ist ein Buch] die Nebelschwaden, die die Astrologie noch immer umkreisen, fort. Von Kepler über Newton bis C. G. Jung sei ihm [dem Autor] Dank. Dank auch, dass er die hochmütige Einfalt mancher Halbwissender ad absurdum führt, insbesondere, da die gängigen Allgemeinhoroskope der Zeitschriften heutzutage Verwirrung, Ablehnung, Neugier plus Ärgernis ausgebrütet haben.

Hildegard Knef, 1979 in einem Vorwort
zu einem Astrologiebuch (26)

❖

Es führt zum Gleichen, ob man zum Grundverständnis einer Seele zum Sternenhimmel hinaufschaut oder in die Urgründe jener selbst hinabblickt.

Hermann Graf von Keyserling, «Weltanschauung
und Lebensgestaltung» (44)

❖

Die Astrologie ist das schönste, aber auch stolzeste Weltbild, das Menschen je ersannen.

Hermann Graf von Keyserling (37)

❖

Unsere deutschen Gelehrten haben die Astrologie noch nicht als Wissenschaft anerkannt, aber was will das schon besagen in der heutigen Zeit, in der unsere ganzen bisher als gesichert geltenden Anschauungen ins Wanken geraten sind und unser Weltbild sich infolge neuester Forschungsergebnisse stetig verschiebt.

Hildegard Knef

Dr. R. H. Laarss, «Das
Geheimnis der Amulette
und Talismane» (16)

❖

Wer sich mit den Sternen befasst, sie beobachtet und aufmerksam verfolgt, wer sich einen eigenen Einblick in die Vielfalt der Erscheinungen verschafft und auch immer wieder von Zeit zu Zeit einfach die Schönheit des nächtlichen Himmels auf sich wirken lässt, der kann gar nicht in die Hybris menschlicher Selbstüberschätzung geraten.

Max Gerstenberger, ehemaliger Herausgeber
des Kalenders «Das Himmeljahr» (6)

❖

Die grössten der Menschen, Christus, Buddha, Zoroaster, Sokrates haben uns nichts Schriftliches hinterlassen, Gott aber weist uns seine Himmelsschrift der Sterne. Wer dürfte sich anmassen, sie zu verachten? Astrologie ist Gottesdienst durch Erforschung der Sternenschrift. Nur eine blind dem Abgrund der Atomkräfte zutreibende Menschheit dünkt sich erhaben über das, was für die Grössten der Vergangenheit heiligste Offenbarung war.

Troels-Lund, «Astrologie und Weltanschauung
in der Kultur aller Zeiten» (11)

❖

Das kosmische Erleben und Wissen ist der Hauptfaktor allen höheren Bewusstseins. Nicht nur unsere Erde, sondern wir selbst, unser eignes Ich, von unserem ersten Blinzeln vor dem Lichte an bis zu unseren höchsten religiösen und moralischen Gefühlen, sind sonnengeboren und sonnengenährt. Die Sonne scheint durch unsere Rede von dem Gott des Lichtes und der Wärme der Liebe. Die fortschreitende Auffassung des Unterschiedes von Tag und Nacht, Licht und Dunkel ist der innerste Nerv aller menschlichen Kulturentwicklung

Troels-Lund (11)

❖

Die Sterne lehren uns Bescheidenheit und Würde gleichermassen.
Bruno H. Bürgel, «Lebenserinnerungen» (11)

❖

Der Zweck der Welt und der unseres kleinen Seins liegt verborgen, aber wer wäre so vermessen, nicht doch anzuerkennen, dass ihr ein tiefer, ein erhabener Sinn innewohnen muss, dieser Unendlichkeit in Raum und Zeit, die voller Glanz, Zauber, Unbegreiflichkeit und Beglückung ist.
Bruno H. Bürgel, «Aus fernen Welten» (11)

❖

Eine erhabene Gewissheit erlangen wir immer wieder von neuem durch unsere Forschungen: dass das gewaltige Universum von grossen, ewigen Gesetzen beherrscht wird. Wer sie gemacht hat und welchen Zweck diese Welt erfüllt, das wissen wir nicht. Aber es kommt doch, wenn wir das Firmament betrachten, wie eine Ahnung über uns, dass ein ewiger Geist uns zielbewusst führt.

Diesterweg, «Himmelskunde» (6)

❖

In die moderne Psychologie wird ein Aspekt eingebaut, der befähigt erscheint, auch neue Möglichkeiten zu erschliessen

Dr. med. Heimsoth über Astrologie und Psychologie in der Heilpraxis (16)

V.
Meinungen in der Neuzeit

Was für die Astrologie die grösste Verlegenheit bedeutet und auch die begründeten Einwände gegen sie liefert, ihre Vieldeutigkeit, das eben ist das höchste Gnadengeschenk der Gottheit, nämlich die Freiheit, die sie jedem *Ich* grundsätzlich in all seiner Begrenzung vorbehält.

Oskar Schmitz, «Geist der Astrologie» (11)

❖

Die Gestirne sind keine Götter, sondern Werkzeuge Gottes. Die Sterne wirken nicht, sondern zeigen nur. Es gibt keinen Sternenzwang. Nur der Körper, aber nicht der freie Wille ist durch die Sterne beeinflussbar. Dem Menschen ist ein Entkommen aus dem Unheil möglich. Das durch die Sterne angedeutete Böse kann unter Mitwirkung Gottes durch Streben nach dem Guten, durch Dienst an Gott und durch Gebet abgewendet werden oder zu unserem Besten dienen. Die Prognose kann keine absoluten Gewissheiten andeuten, sondern nur relative Möglichkeiten umschreiben.

Walter A. Koch (11)

❖

Wir sind ganz sicher, dass das Vorurteil gegen die Astrologie seinen Ursprung hauptsächlich in der Heuchelei und Scheinheiligkeit der Puritaner zur Zeit Cromwells hat.

Zadkiel (Richard Morrison), «The Herald
of Astrology» (24)

❖

Die Modernen sind arg im Irrtum, wenn sie meinen, die Astrologie werde durch die Erweiterung des physikalischen Wissens erdrückt. Man kann ein moderner exakter Wissenschaftler und Astronom und doch dabei ein überzeugter Astrolog sein; es gibt dafür hinreichend viele Beispiele und wird deren in Zukunft wieder mehr geben als im neunzehnten Jahrhundert, dem einzigen, das die Astrologie für tot glaubte. Sie bleibt unzerstörbar, auch wenn wir von den Systemen der Fixsterne eine noch so grosse Kenntnis erlangen und die moderne Technik bis zum Zwiegespräch mit den Marsbewohnern fortschreitet.

Kniepf, Astrologe (36)

❖

In der Reihe der Ablehnenden stehen die Astronomen immer noch an erster Stelle. Dies geht nicht zuletzt auf jahrhundertealte Ressentiments zurück. Schliesslich war die Astronomie durch Jahrhunderte die Magd der Astrologie, lateinisch «astronomia astrologiae ancilla est», und der Mensch rächt sich eben für jede Unterdrückung, wenn sich dazu Gelegenheit bietet.

Dr. Heinz Fidelsberger, Präsident der Wiener
Astrologischen Gesellschaft (16)

❖

Die Jahre des Präzessionszyklus betragen 25 920. Der Mensch atmet in der Minute 18 mal ein und aus. Also am Tage in 24 Stunden oder 1 440 Minuten ebenfalls 25 920 Atemzüge. In 72 Jahren beträgt der Präzessionswert 1 Grad. In einer Minute, so lehrt die moderne Medizin, soll der Mensch 72 mal seinen Puls fühlen. So verhalten sich Puls [eines Tages] zu 72 Jahren. 360 Grad mal 72 Jahre ergeben auch wieder die Zahl 25 920. So ist der Mensch mittels Atem und Puls in den Kosmos eingebunden.

Alfred Fankhauser

Alfred Fankhauser, «Das wahre Gesicht der Astrologie» (7)

❖

Schliesslich kann man auch nicht Astrologe sein, ohne echte Religiosität zu besitzen. Die Fragen unseres Lebens sind nie vollkommen zu lösen. Gerade wer sich tief und gründlich mit ihnen auseinandersetzt, muss die Grenzen des menschlichen Vermögens erkennen. Jenseits dieser Grenzen gibt es nur noch die Wirklichkeit Gottes und die Notwendigkeit des Glaubens.

Ernst von Xylander, Psychologe und Astrologe (46)
❖

Durch das Kosmogramm [Horoskop] wird eine wissenschaftlich fundierte Beratung in den meisten Fragen der Berufswahl, der Partnerschaft, der Erziehung und der persönlichen Lebensführung – immer dort also, wo es vor allem um den Grundcharakter geht – eigentlich erst möglich.

Dr. Ernst von Xylander (16)
❖

Die Astrologie hat ihre besondere symbolische Denkform und ist eine universale Deutungskunst, die sich nie und nimmer in das Begriffsnetz der rationalen Wissenschaften einpferchen lässt. Wir können hier also lediglich von Wissenschaft im Sinne der «Musikwissenschaft» sprechen, wo ebenfalls eine auf ihre Eigengesetzlichkeit gestützte Ausdruckskunst mit wissenschaftlicher Gründlichkeit und kritischer Methodik durchforscht wird. Und das sei auch unser Wegweiser für die weitere Gestaltung der Astrologie: Wie auch immer wir zu den letzten Dingen der Astrologie stehen, ob wir sie als fernen Abklang uralter kosmischer Weisheit und schicksalhafter Sternenreligion gläubig verehren, oder sie mit Daqué nur als «symbolische Ausdrucksweise der entelechischen Beziehungen des Menschen zu kosmischen Wahrheiten» betrachten, oder ob wir sie gar nur als ein entgöttertes Beziehungsgefüge akausaler Korrelationen statistisch erfassen und deuten wollen – stets sollen wir uns ihres tiefbedeutsamen Hintergrundes wohl bewusst sein und mit heiligem Eifer und mit wissenschaftlich-kritischem Ernst an das erhabene Studium der Astrologie herantreten. Astrologie wissenschaftlich behandeln heisst: nicht Perlen vor die Säue werfen, nicht unreife Hypothesen reklamehaft hinausposaunen oder kritiklos annehmen, sondern unermüdlich forschen, arbeiten, sich selbst prüfen und stets das Sichere behalten. ... Durch Sternenklarheit zur reinen Wahrheit.

Wilhelm Knappich, österreichischer Astrologe, Herausgeber
mehrerer Lehrbücher über Astrologie (16)
❖

Wann endlich werden die Kunsthistoriker die Astrologie als Pflichtfach in ihre Studien aufnehmen?
Erich von Beckerath, astrologischer Kunstsachverständiger und Entdecker vieler astrologischer Symbole in Kunstwerken (2)

❖

Wenn nun ein Kunsthistoriker die Astrologie als Humbug ablehnt, ist das ungefähr so, als wenn ein Chemiker es ablehnen wollte, sich mit den Säuren zu befassen.
Erich von Beckerath (16)

❖

Wenn wir einen Augenblick in uns selbst hineinlauschen, können wir das Atmen der planetarischen Formen hören.
Louis de Wohl, Astrologe (24)

❖

Sie [die Astrologie] hat mit Wahrsagerei nichts zu tun. Sie sagt nicht, was passieren wird, sondern welche Tendenzen auftreten werden. Ein Astrologe kann niemals sagen: «Um 6 Uhr am Nachmittag des 17. September werden Sie einen Unfall erleiden und in ein Hospital eingeliefert werden, wo Sie zwei Stunden später sterben werden.» Eine solche Voraussagung ist entweder Hellseherei oder Schwindel – und in 999 von tausend Fällen ist es letzteres. Sagen kann der Astrologe dies: «Am 17. September zwischen 5 und 7 Uhr haben Sie einen schlechten Marsaspekt, der wegen der unglücklichen Position des Mars in Ihrem Geburtshoroskop die Gefahr eines Unfalls mit sich bringt.»
Louis de Wohl (31)

❖

Kein Meister der Erkenntnis ist an die zwölf Häuser seines Horoskops gebunden, er kann über alle hinausdringen. Er ist nicht gebunden durch die Zeichen des Tierkreises, auch durch die Planeteneinflüsse ist er nicht beschränkt. Als Meister ist er eins mit dem Ganzen. Der Segen der Astrologie fliesst aus diesem Wissen um die Einheit und aus dem Glauben, dass wir Gottes Kinder sind und ein göttliches Erbteil in uns tragen. Der Fluch der Astrologie ist die Beschränkung, an die wir uns binden, wenn wir unser Horoskop als getrennt vom Horoskop der Welt anschauen.

Alan Leo, amerikanischer Pionier der Astrologie, «Esoterische Astrologie» (11)

❖

Ohne sich aufzudrängen, ohne zu predigen, ohne den Wunsch nach Schülern und Jüngern, ohne Propaganda, ja sogar ohne den kleinsten Scheiterhaufen hatte sie [die Astrologie] sich durchgesetzt. Sie stellte nichts in verlockende Aussicht, weder ein glücklicheres Dasein noch die ewige Seligkeit. Niemals hat sie einen Tropfen Blut vergossen, niemals den geringsten Zwang ausgeübt, selbst der Begriff der Organisation blieb ihr unbekannt, und Polemik nach aussen hat sie nie getrieben. Trotzdem war es ihr gelungen, die Welt zu erobern, eine wahrhaft einmalige Erscheinung.

Horst Wolfram Geissler (10)

❖

Wir verstehen unter Astrologie das formale Verhalten eines unbekannten Inhalts. Das ist unser Fortschreiten auf dem Wege, den die Astrologie seit der Antike beschritten hat.

Horst Wolfram Geissler, Astrologe (10)

❖

Die Astrologie versprach die Wahrheit, die zeitlos sei und daher auch die Zukunft umfassen muss. Nicht mehr – aber auch nicht weniger.

Horst Wolfram Geissler (10)

❖

Die Tatsache, dass es der Astrologie gelungen war, die ganze Welt zu erobern, legt den Schluss nahe, dass dieses höchst einfache Beweisverfahren überzeugende Wirkung hatte – dass also ihre Wahrheit evident war.

Horst Wolfram Geissler (10)

❖

Demgegenüber muss man sich über Folgendes klar werden: Nicht das Schicksal, sondern die Veranlagung ist aus dem Horoskop erkennbar.

Horst Wolfram Geissler (10)

❖

Die Astrologie gibt dem Einzelnen, indem sie ihm die Freiheit nimmt, etwas anderes und wahrscheinlich Beruhigenderes. Sie lehrt ihn, sich zu empfinden und zu erkennen als Glied eines sinnvollen Ganzen, innerhalb dessen seine Bahn genauso bestimmt ist wie die der Planeten, die den Menschen «beherrschen», das heisst geschaffen haben, und mit denen er deshalb eins und dasselbe ist. Was zunächst Verhängnis und Geschick hiess, das Schicksal, enthüllt sich als Fügung: als durchaus mit Sinn erfüllter organischer Zusammenhang alles Seienden, als das tief geordnete Ineinandergreifen, Ineinandergefügtsein alles Individuellen, und vielleicht ist die Astrologie «nichts weiter» als eine Psychologie des Kosmos.

Horst Wolfram Geissler (10)

❖

Thomas Ring

Astrologie ist weder Religion noch Philosophie, sondern intelligente Naturerkenntnis. Als solche freilich kann sie unser Weltbild und unsere Weltanschauung umgestalten.

Hans Beer, astrologischer Autor (3)

❖

Das lebende Modell einer Geburtenkonstellation bewegt sich in einer Welt konkreter Dinge. Der Wert und die Bedeutung, die diese Dinge für den Geborenen haben, entspringt der individuellen Prinzipien-Ordnung, die ihm angeboren ist und gemäss der sich sein Charakter heranbildet. Aus dem Kosmogramm ersehen wir in den Symbolen der Deutung diese Prinzipien, nicht aber die konkreten Dinge, die Wert und Bedeutung erhalten als Entsprechungen der Symbole.

Thomas Ring, deutscher Pionier der Astrologie

❖

Alles, was hienieden geschieht, muss zum Voraus in den Bewegungen der Sterne und im Himmelskreis existieren.

Ein arabischer Astrologe (4)

❖

Obgleich die Astrologie mehr und mehr in ein wissenschaftliches Gewand gehüllt wird, ist das Wesen der praktisch-astrologischen Forschung von Ptolemäus bis auf unsere Zeit dasselbe geblieben. Jedenfalls ein Beweis der festen Grundlage, auf der die Astrologie ruht.

Liane Keller (20)

❖

Der Glaube, dass die Blumen der Erde und die Sterne des Himmels wesensgleich sind, ist uralt; er liegt noch alten griechischen Blumennamen zu Grunde und ist mit ihnen in unsere Botanik eingegangen. Man erinnere sich an die Astern, die *Astra* [Sterne] in unseren Gärten.

Dr. Otto Lankes, astrologischer Autor (22)

❖

Was vor einem Menschenalter unmöglich erschien, ist Wirklichkeit geworden: Weite Kreise des Volkes haben sich mit neuen Hoffnungen und einer neuen Leidenschaftlichkeit der längst versunkenen Welt der Astrologie zugewandt. Vielen mag das ein Ärgernis sein, anderen ein Wunder; man mag darüber spotten, die Hinneigung zur Astrologie als einen Abfall von aller Vernunft beklagen und die Polizei und Staatsgewalt gegen sie aufrufen: Die Tatsache bleibt bestehen und sollte nach ihren Gründen befragt und verstanden werden.

Dr. Otto Lankes (22)

❖

In dieser Sicht ist die Astrologie einer uralt-heiligen Quelle zu vergleichen, die in dem Schutt von Jahrtausenden versank. Nur

verloren noch rauscht sie aus der Tiefe heraus. Die Seher und Dichter tranken Begeisterung aus ihr; die vom Tode bedrohten Menschen schöpften aus ihrer Frische den Trost eines unvergänglichen Lebens.

Dr. Otto Lankes (22)

❖

Wir müssen uns stets erinnern, dass die Sterne die Anlagen und die Zeiten zeigen, wann die Gelegenheiten reif sind, aber niemals und unter keinen Umständen treiben sie irgend jemand dazu, auf diese oder jene Art zu handeln. Lernt der Schüler unter den Einflüssen der Planeten sein Gleichgewicht zu behalten, dann regiert er seine Sterne und hat eine wichtige Aufgabe begriffen.

*Max Heindel, den Rosenkreuzern
nahestehender Astrologe (11)*

❖

Astrologie, Alchimie und Magie bilden zusammen das Wissensgut der Geheimlehre! Astrologie ist die Lehre vom Einbau des Menschen in die Gesamtheit des Kosmos; Alchimie die Lehre von der Verwandlung des Niedrigen in das Höhere; Magie die Lehre von dem Gebrauch und der Lenkung der Kräfte, die die Entwicklung leiten. Astrologie: die geheime Naturlehre, Alchimie: die geheime Evolutionslehre, Magie: die geheime Ethik.

*Oscar Adler, österreichischer
Pionier der Astrologie (1)*

❖

Ich habe stets behauptet, dass die Astrologie ohne eine grundlegende Philosophie nicht viel Bedeutung und Gültigkeit für die Entwicklung menschlicher Individuen hat. Ohne sie ist Stundenastrologie schamlose Wahrsagerei. Eines Tages mag eine neue Kosmobiologie als moderne Wissenschaft ausgebaut werden. Sie wird sich aber auf die ganze Biosphäre beziehen und nicht nur auf Individuen.

Dane Rudhyar, amerikanischer
Pionier der Astrologie (31)

Dane Rudhyar

VI.
Astrologie in Dichtungen

Kein Zweifel: in der Brust wohnet ein Gott uns und in den Himmel kehren die Seelen zurück. Und vom Himmel kommen sie wieder ... Was Wunder, dass Menschen wissen vom Wesen der Welt, da doch die Welt selbst wirket im Wesen des Menschen und jeder von Gott ein Widerschein ist im kleineren Abbild. Und welchem Grund zu entstammen ist uns Menschen zu glauben erlaubt, wenn nicht dem Gottgrund des Himmels?

Manilius, Dichter und
Astrologe, um 15 n. Chr. (22)

❖

Denn wer [die Gestirne] sehen will, muss ein Auge besitzen, das dem zu sehenden Gegenstande verwandt und ähnlich ist.

Manilius (10)

❖

Kein Zeichen und kein Planet dient sich selbst allein. Jedes und jeder mischt die Eigenschaften des anderen mit den eigenen, ihre Kräfte vereinend und abwechselnd herrschen sie. Die Zeichen binden die Planeten, und die Planeten binden die Zeichen.

Manilius (24)

❖

Erkennen wir des Himmels Bau,
Warum nicht auch des Himmels Gaben?

Manilius (4)

❖

In den Zeichen des Tierkreises liegt die Ursache allen Schicksals.

Manilius (10)

❖

Der Widder schützt den Kopf, den Hals der Stier. Die Arme, helle Zwillinge, unterstehen eurer Herrschaft. Die Schultern gehören dem Löwen und dem Krebs gehört die Brust, und in den Eingeweiden herrscht die bescheidene Jungfrau, im Gesäss die

Waage. Der Skorpion erwärmt Begierden in den Schamteilen und verbreitet wilderes Feuer. Die Schenkel beherrscht der Zentaur [Schütze] und der Steinbock beherrscht die Knie und bindet sie fest mit doppeltem Band. Die gespreizten Beine treffen sich im feuchten Wassermann, und die Fische verleihen Schutz den Füssen.

Manilius (10)

❖

Und da im Staub vorwärts die anderen Leben hinabschau'n,
Gab er dem Menschen erhobenen Blick, und den Himmel betrachten
Lehrt er ihn, und empor zum Gestirn aufheben das Antlitz.

Ovid, römischer Dichter (1)

❖

Anstoss leih'n eurer Regung Sternenmächte;
Nicht jeglicher;
Jedoch auch dies gesetzt,
So ward Erkenntnis euch für's Gut und Schlechte
Und freier Wille, der,
Wenn er auch jetzt zuerst
Nur mühsam
Mit den Sternen streitet,
Vom Kampf gestählt, gewisslich siegt zuletzt.

Dante Alighieri, «Göttliche Komödie»,
Fegefeuer, XVI (41)

❖

O Stern, ruhmreich!
Oh Licht, ohnegleichen
Voll Kraft, der ich verdank,
Was ich durch Funken des Gottes
Wieviel es sei, je konnt erreichen!
Mit euch stieg auf,
Mit euch ist hingesunken
Die Mutter, die da gibt
All irdisch Leben.
Als ich zuerst Toscanerluft getrunken,
Und als mir dann die Gnade
Ward gegeben,

In die erhabne Schwingung einzutauchen,
Durft ich zu euerem Lichtbezirk mich heben.

Dante, «Göttliche Komödie», Paradies, XXII (37)

❖

Ihr, die ihr lebt, halst alle Vorkommnisse
dem Himmel auf, als ob der alles immer
in seinem Lauf notwendig mit sich risse.
Wäre so, stünde um die Willensfreiheit schlimmer
in euch: Sie wär' zerstört. Und nach dem Rechte

fänd' Gut und Böse Lohn und Strafe nimmer.
Antrieb zum Handeln geben Sternenmächte
nicht jedem, sag ich, und wenn's alle wären,
so habt ihr Licht fürs Gute und fürs Schlechte
nebst freiem Willen, der – wenn mit der Sphären
Einfluss im ersten Kampf er standhaft streitet –
Allsieger blieb, wenn wir ihn richtig nähren.

Dante, «Göttliche Komödie», Läuterungsberg (37)

❖

Folg deinem Stern nur weiter, der sicher dich zum Himmelshafen
sendet.

Dante, «Göttliche Komödie», Hölle, XV (37)

❖

Sofern du deinem Sterne folgst, wirst du dich nie verirren weit
vom Ruhmeshort ...

Dante, «Göttliche Komödie» (38)

❖

O Sterne der himmlischen Herrlichkeit, o Licht durchtränkt mit
mächtiger Kraft, aus dem ich, wie er auch sei, meinen Genius
ganz erkenne.

Dante, «Göttliche Komödie», Paradies (24)

❖

O edle Sterne, kraftgeschwängert Bild,
Dem das, was ich an Geist und Witz empfangen
Sei's wenig oder sei es viel, entquillt.

Dante, «Göttliche Komödie», Paradies XXII (40)

❖

Nicht nur durch Wirkung jener grossen Sphären,
die jeden Keim zu seinem Ziele lenken,
soweit die Sterne ihm Geleit gewähren,
nein, aus Gottes gütigen Geschenken,
die überreich so hoch aus Wolken schweben,
dass sich kein Blick in seinen Quell kann senken,
floss diesem hier in seinem Kindheitsleben
Begabung so, dass alle guten Taten
ihm hätten wunderbar Erfolg gegeben.

Dante, «Göttliche Komödie», Läuterungsberg XXX (37)

❖

Folg deines Sternes Zeichen.
Brunetto Latini, Dantes geliebter Lehrer (22)
❖

Frau Venus gab mir Lust und Üppigkeit
Und Mars hartnäckige Verwegenheit;
Mars in dem Stiere war mein Aszendent.
Geoffrey Chaucer, «Canterbury Tales» (24)
❖

Er holte seine Berechnungstabellen hervor, die neu korrigierten, und ermittelte die Jahre in Reihen und die einzelnen Jahre, um die Punkte zu finden, welche die Planeten auf ihren Bahnen erreichen mussten. Und nachdem er das erste Haus des Mondes gefunden, berechnete er den Rest in Harmonie mit ihm. Er verfuhr proportional, wissend, wie er steigen und wohin er gehen würde im Verhältnis zu welchen Planeten und ihren Orten, gleich oder nicht, auf dem Felde des Tierkreises.
Geoffrey Chaucer, «The Franklin's Tale» (24)
❖

Wer mit der Sternenkunde ist vertraut,
gewandt in Sprachen, kundig der Chemie,
der kann sich wagen schon an die Magie.
Christopher Marlowe, «Doktor Faustus» (24)
❖

Wir sind nur die Tennisbälle der Sterne, geschlagen und zurückgeworfen, wie es ihnen gefällt.
John Webster, «Die Herzogin von Malfi» (24)
❖

Welche Körperformen werde ich haben? [Widder] Ist die Sache verloren gegangen oder gestohlen? [Stier] Wie soll man die Verwandten unserer Brüder und Schwestern kennenlernen? [Zwillinge] Um zu erfahren, wann mein Grossvater oder mein Urgrossvater oder dieser alte Schurke, mein Vater, sterben wird? [Krebs] Werd ich eine gute Ehefrau bekommen? [Löwe] Um zu wissen, ob ich eine Meute guter Hunde halten soll oder eine Herde von Schweinen oder Schafen, ob ich je von Ratten oder Mäusen geplagt werde? [Jungfrau] Wird meine Frau eine Hure sein oder ehrlich? [Waage] Wenn ich mein Geld verleihe, werde ich dann verdienen? [Skorpion] Werde ich das Bistum oder die Abtei erhalten, die ich mir wünsche? [Schütze] Werd ich je zu Ehren kommen, oder werde ich Friedensrichter werden? [Steinbock] Werden die Früchte der Erde billig sein oder teuer? [Wassermann] Wird ein altes Weib über mich schwatzen wie der Teufel? [Fische]

John Case, «Der Engelsführer», 1697 (24)

❖

Die Sterne oben lenken unseren Sinn.

William Shakespeare, «König Lear» (16)

❖

Nun da der Abend unser Aug' umflort,
Betracht' ich zukunftssüchtig
Die Gestirne,
Durch die uns Gott
In Lettern wohl zu deuten
Der Kreaturen Los und Schicksal kündet.
Denn der aus Himmelshöhn
Den Menschen schaut,
Weist ihm aus Mitleid
Oft den rechten Pfad in seiner Sterne Schrift
Am Firmament und sagt das Glück
Und Unglück ihm voraus:
Doch wir, am Staube haftend,
Sündenschwer, verachten solche Schrift
Und sehn sie nicht.

William Shakespeare, «König Lear» (16)

❖

Die sieben Alter des Menschen als Planetenstufen:
Die ganze Welt ist Bühne,
Und alle Frau'n und Männer
Blosse Spieler,
Sie treten auf und gehen wieder ab.
Sein Leben lang
Spielt einer manche Rollen
Durch sieben Akte hin.
Zuerst das Kind, das in der [Mond]
Wärt'rin Armen greint und sprudelt;
Der weinerliche Bube, der mit Bündel [Merkur]
Und glattem Morgenantlitz,

Wie die Schnecke,
Ungern zur Schule kriecht;
Dann der Verliebte, [Venus]
Der wie ein Ofen seufzt,
Mit Jammerlied
Auf seiner Liebsten Brau'n;
Dann der Soldat, [Mars]
Voll toller Flüch'

William Shakespeare

Und wie ein Pardel bärtig,
Auf Ehre eifersüchtig, schnell zu Händeln,
Bis in die Mündung der Kanone suchend
Die Seifenblase Ruhm.
Und dann der Richter, [Jupiter]
In rundem Bauche,
Mit Kapaun gestopft,
Mit strengem Blick
Und regelrechtem Bart,
Voll weiser Sprüch'
Und neuester Exempel
Spielt seine Rolle so.
Das sechste Alter
Macht den besockten hagern Pantalon, [Saturn]
Brill' auf der Nase,
Beutel an der Seite;
Die jugendliche Hose, wohl geschont,
'Ne Welt zu weit
Für die verschrumpften Lenden;
Die tiefe Männerstimme,
Umgewandelt zum kindischen
Discante, pfeift und quäkt in feinem Ton.
Der letzte Akt, mit dem die seltsam wechselnde
Geschichte schliesst, ist zweite Kindheit, [Mond]
Gänzliches Vergessen,
Ohn' Augen, ohne Zahn,
Geschmack und alles.

William Shakespeare, «Wie es euch gefällt»,
Rolle des Jacques (19)

Aber es tanzte eben ein Stern, und unter dem bin ich zur Welt gekommen.

William Shakespeare, Beatrice in «Viel Lärm um Nichts» (24)

Ich bin einmal nicht unter einem reimenden Planeten geboren,
ich weiss auch nicht in Feiertagsworten zu werben.

William Shakespeare, Benedikt in «Viel Lärm um Nichts» (24)

Der Mensch ist manchmal seines Schicksals Meister: Nicht durch die Schuld der Sterne, lieber Brutus, durch eigne Schuld nur sind wir Schwächlinge.

William Shakespeare, «Julius Caesar» (24)

❖

Junker Christoph: Wollen wir nicht ein Gelag anstellen?
Junker Tobias: Was sollen wir sonst tun? Sind wir nicht unter dem Stier geboren?
Junker Christoph: Unter dem Stier? Das bedeutet Stossen und Schlagen.
Junker Tobias: Nein, Freund, es bedeutet Springen und Tanzen.

William Shakespeare, «Was ihr wollt» (24)

❖

Adam, der Menschheit alter Ahn,
Hat solche Macht von Gott empfahn,
Dass jedem Ding er einen Namen
Verlieh, dem wilden und dem zahmen.
Er kannte jedes Wesens Art,
Des Heers der Sterne Bahn und Fahrt,
Auch der Planeten Kraft, der sieben,
War ihm nicht unbekannt geblieben.

Wolfram von Eschenbach, «Parzival» (11)

❖

Der Kreislauf der Gestirne zeigt, wohin der Lauf des Menschen neigt.

Wolfram von Eschenbach, «Parzival» (16)

❖

Und Jupiters gewalt'ge Kraft hat mit dies hohe Heil verschafft.

Wolfram von Eschenbach, «Parzival»,
Worte von Feirefiss (16)

❖

Was der Planeten Lauf umkreist und was ihr Schimmer über-glänzt, soweit ist dir dein Ziel gegrenzt.

Wolfram von Eschenbach, «Parzival»,
Zauberin Kundry (16)

❖

Er durchlebte,
Was mancher Menschen Tod gewesen war,

Und schloss mit Bergen Freund-
schaft;
Mit den Sternen und dem leben-
digen
Geist des Weltalls hielt
Er ein Zwiegespräch,
Und diese lehrten ihn die Myste-
rien ihrer Zauberkraft.
Ihm war das Buch der Nacht
weit aufgeschlagen,
Und Stimmen aus dem Abgrund
offenbarten
Ihm Wunder und Geheimnis.

Lord Byron, «Stimme
des Einsamen» (4)

Lord Byron

Die himmlische Musik findet sich in den sieben Wandelsternen
und in dem Chor der Sphären. Denn soviel Intervalle, wie in den
alten Saiten, finden wir auch an jenen Himmelskörpern.

Roswitha von Gandersheim

Sie haben recht, nicht an die Einwirkung der Sterne zu glauben;
Sie sehen aber auch darnach aus.

Carl Friedrich Zelter in einem Brief an Goethe, in dem er eine
Antwort an einen Zeitgenossen zitiert (22)

Am 28sten August 1749, mittags mit dem Glockenschlag zwölf,
kam ich in Frankfurt am Main auf die Welt. Die Konstellation
war glücklich: Die Sonne stand im Zeichen Jungfrau und kulmi-
nierte für den Tag; Jupiter und Venus blickten sich freundlich an,
Merkur nicht widerwärtig; Saturn und Mars verhielten sich
gleichgültig; nur der Mond, der soeben voll ward, übte die Kraft
des Gegenscheins umsomehr, als zugleich seine Planetenstunde
eingetreten war. Er widersetzte sich daher meiner Geburt, die
nicht eher erfolgen konnte, als bis diese Stunde vorübergegangen.
Diese guten Aspekte, welche mir die Astrologen in der Folgezeit
sehr hoch anzurechnen wussten, mögen wohl Ursache an meiner
Erhaltung gewesen sein: Denn durch Ungeschicklichkeit der Heb-

amme kam ich für tot auf die Welt, und nur durch vielfache
Bemühungen brachte man es dahin, dass ich das Licht erblickte.

Johann Wolfgang von Goethe über sein Horoskop,
«Dichtung und Wahrheit» (30)

❖

Da ist's denn wieder, wie die Sterne wollten,
Bedingung und Gesetz und aller Wille
ist nur ein Wollen, weil wir eben sollten,
und vor dem Willen schweigt die Willkür stille;
das Liebste wird vom Herzen weggescholten,
dem harten Muss bequemt sich Will' und Grille.
So sind wir scheinfrei denn, nach manchen Jahren,
nur enger dran, als wir am Anfang waren.

Johann Wolfgang von Goethe (22)

❖

Der astrologische Aberglaube ruht auf dem dunklen Gefühl eines
ungeheuren Weltganzen. Die Erfahrung spricht, dass die nächsten Gestirne einen entscheidenden Einfluss auf Witterung, Ve-
getation usw. haben, man darf stufenweise immer aufwärts steigen und es lässt sich nicht sagen, wo diese Wirkung aufhört. Findet doch der Astronom überall Störungen eines Gestirnes durchs
andere, ist doch der Philosoph geneigt, ja genötigt, eine Wirkung
auf das Entfernteste anzunehmen. So darf der Mensch im Vorge-
fühl seiner selbst nur etwas weiter schreiten und diese Einwirkung aufs Sittliche, auf Glück und Unglück ausdehnen. Diesen
und ähnlichen Wahn möchte ich nicht einmal Aberglauben nennen, er liegt unser Natur so nahe, ist so leidlich und lässlich als irgend ein Glaube. Nicht allein in gewissen Jahrhunderten, sondern
auch in gewissen Epochen des Lebens, ja bei gewissen Naturen,
tritt er öfters als man glauben kann herein!

Johann Wolfgang von Goethe, in einem Brief an Schiller (11)

❖

Flieg! Auf! Hinaus ins weite Land!
Und dies geheimnisvolle Buch
von Nostradamus eigner Hand,
ist dir es nicht Geleit genug?
Erkennest dann der Sterne Lauf
und wenn Natur dich unterweist,

dann geht die Seelenkraft dir auf,
wie spricht ein Geist zum andern Geist.

Johann Wolfgang von Goethe, «Faust I» (11)

❖

Wie an dem Tag, der dich der Welt verliehen,
die Sonne stand zum Grusse der Planeten,
bist alsobald und fort und fort gediehen
nach dem Gesetz, wonach du angetreten.

Johann Wolfgang von Goethe

So musst du sein, dir kannst du nicht entfliehen,
so sagten schon Sibyllen, so Propheten;
und keine Zeit und keine Macht zerstückelt
geprägte Form, die lebend sich entwickelt.

Johann Wolfgang von Goethe, «Orphische Urworte» (30)

❖

Und schwer und ferne hängt eine Hülle mit Ehrfurcht. Stille ruhn
oben die Sterne und unten die Gräber.

Johann Wolfgang von Goethe, «Symbolon» (22)

❖

Nachts, wenn gute Geister schweifen,
Schlaf dir von der Stirne streifen,
Mondenlicht und Sternenflimmern
dich mit ewigem All umschimmern,
scheinst du dir entkörpert schon,
wagest dich an Gottes Thron.

Johann Wolfgang von Goethe, «Zahme Xenien VI» (22)

❖

Das Leben wohnt in jedem Sterne:
er wandelt mit den andern gerne
die selbst erwählte freie Bahn.
Im innren Erdenball pulsieren
die Kräfte, die zur Nacht uns führen
und wieder zu dem Tag heran.

Johann Wolfgang von Goethe, «Zahme Xenien VI» (22)

❖

Wär' nicht das Auge sonnenhaft,
Die Sonne könnt' es nie erblicken;
Läg' nicht in uns des Gottes eigne Kraft,
Wie könnt' uns Göttliches entzücken?

Johann Wolfgang von Goethe, «Zahme Xenien» (16)

❖

Aus anderen Angaben liess sich schliessen, dass sie längst über
die Bahn des Mars hinaus der Bahn des Jupiters sich nähere. Offenbar hat sie eine Zeit lang diesen Planeten, es wäre schwer zu
sagen, in welcher Entfernung, mit Staunen in seiner ungeheuerli-
chen Herrlichkeit betrachtet und das Spiel seiner Monde um ihn
her geschaut, hernach aber ihn auf die wunderseltsamste Weise

als abnehmenden Mond gesehen und zwar umgewendet, wie uns der wachsende Mond erscheint. Daraus wurde geschlossen, dass sie ihn von der Seite sehe und wirklich im Begriff sei, über dessen Bahn hinauszuschreiten und in dem unendlichen Raum dem Saturn entgegenzustreben. Dorthin folgt ihr keine Einbildungskraft; aber wir hoffen, dass eine solche Entelechie [ein Stück Ewigkeit] sich nicht ganz aus unserem Sonnensystem entfernen, sondern, wenn sie an die Grenze desselben gelangt ist, sich wieder zurücksehnen werde, um zugunsten unserer Enkel in das irdische Leben und Wohltun wieder einzuwirken.

Johann Wolfgang von Goethe, «Wilhelm Meister» (22)

❖

Nun, warum sollte Gott und die Natur nicht auch eine lebendige Armillarsphäre [Kugel aus Reifen], ein geistiges Räderwerk erschaffen und einrichten, dass es, wie ja die Uhren uns täglich und stündlich leisten, dem Gang der Gestirne von selbst auf eigene Weise zu folgen imstande wäre.

Johann Wolfgang von Goethe, «Wilhelm Meister» (10)

❖

Bezwängen mich nicht übermächtige Sterne …

Johann Wolfgang von Goethe, in einem Brief
an Frau von Stein (30)

❖

Die Sterne werden mich doch nicht vergessen und werden halten, was sie bei meiner Wiege versprochen haben?

Johann Wolfgang von Goethe als siebenjähriges Kind,
berichtet von Bettina von Arnim (30)

❖

Brüder – überm Sternenzelt muss ein lieber Vater wohnen.

Friedrich Schiller, Ode «An die Freude»

❖

Du red'st, wie du's verstehst. Wie oft und vielmals
Erklärt' ich dir's. – Dir stieg der Jupiter
Hinab bei der Geburt, der helle Gott;
Du kannst in die Geheimnisse nicht schauen.
Nur in der Erde magst du finster wühlen,
Blind, wie der Unterirdische, der mit dem bleichen
Bleifarb'nen Schein ins Leben dir geleuchtet.

Das Irdische, Gemeine magst du sehen,
Das Nächste mit dem Nächsten klug verknüpfen;
Darin vertrau' ich dir und glaube dir.
Doch was geheimnisvoll bedeutend webt
Und bildet in den Tiefen der Natur –
Die Geisterleiter, die aus dieser Welt des Staubes
Bis in die Sternenwelt mit tausend Sprossen

Friedrich Schiller

Hinauf sich baut, an der die himmlischen
Gewalten wirkend auf und niederwandeln …
Die sieht das Aug' nur, das entsiegelte,
der hellgebor'nen, heitern Joviskinder.

Friedrich Schiller, «Wallenstein»

❖

In deiner Brust sind deines Schicksals Sterne.

Friedrich Schiller, «Wallenstein»

❖

Nicht Rosen bloss, auch Dornen hat der Himmel. Wohl dir, wenn
sie den Kranz dir nicht verletzten! Was Venus band, die Bringerin
des Glücks, kann Mars, der Stern des Unglücks, schnell zerreis-
sen.

Friedrich Schiller, «Wallenstein»

❖

Der Tag bricht an – und Mars regiert die Stunde.

Friedrich Schiller, «Wallenstein»

❖

Glückseliger Aspekt! So stellt sich endlich die grosse Drei ver-
hängnisvoll zusammen, und beide Segenssterne, Jupiter und Venus, nehmen den verderblichen, den tückischen Mars in ihre Mitte, zwingen den alten Schadensstifter, mir zu dienen. Denn lange
war er feindlich mir gesinnt, und schoss mit senkrecht- oder
schräger Strahlung, bald im Gevierten, bald im Doppelschein die
roten Blitze meinen Sternen zu und störte ihre segensvollen Kräfte. Und beide grossen Lumina von keinem Maleficio beleidigt!
Der Saturn unschädlich, machtlos! Saturnus Reich ist aus, der die
geheime Geburt der Dinge in dem Erdenschoss und in den Tiefen
des Gemüts beherrscht. Nicht Zeit ist's mehr, zu brüten und zu
sinnen, denn Jupiter, der glänzende regiert. Jetzt muss gehandelt
werden, schleunig, eh' die Glücksgestalt mir wieder wegflieht
überm Haupt, denn stets in Wandlung ist der Himmelsbogen.

Friedrich Schiller, «Wallenstein»

❖

Der Augenblick ist da, wo du die Summe der grossen Lebens-
rechnung ziehen sollst. Die Zeichen stehen sieghaft über dir,
Glück winken die Planeten dir herunter und rufen: Es ist an der
Zeit! Hast du dein Leben lang umsonst der Sterne Lauf gemes-

sen? Den Quadranten und den Zirkel geführt? Den Zodiak, die Himmelskugel, auf diesen Wänden nachgeahmt, um dich herum gestellt in stummen, ahnungsvollen Zeichen die sieben Herrscher des Geschicks, nur um ein eitles Spiel damit zu treiben? Führt alle diese Zurüstung zu nichts? Ist denn kein Mark in dieser hohlen Kunst, dass sie dir selbst nichts gilt, nichts über dich vermag im Augenblicke der Entscheidung?

Friedrich Schiller, «Wallenstein»

❖

Die Zeichen stehen grauenhaft … Komm, lies es selbst in der Planeten Stand, dass Unglück dir von falschen Freunden droht.

Friedrich Schiller, «Wallenstein» (Astrologe Seni)

❖

Die Sterne lügen nicht. Das aber ist geschehen wider Sternenlauf und Schicksal. Die Kunst ist redlich. Doch dies falsche Herz bringt Lug und Trug in den wahrhaftgen Himmel … Wo die Natur aus ihren Grenzen wanket, da irret alle Wissenschaft.

Friedrich Schiller, «Wallenstein»

❖

Die himmlischen Gestirne machen nicht bloss Tag und Nacht, Frühling und Sommer – nicht dem Sämann nur bezeichnen sie die Zeiten der Aussaat und der Ernte. Auch des Menschen Tun ist eine Aussaat von Verhängnissen, gesteuert in der Zukunft dunkles Land, den Schicksalsmächten hoffend übergeben. Da tut es Not, die Saatzeit zu erkunden, die rechte Sternenstunde auszulesen, des Himmels Häuser forschend zu durchspüren, ob nicht der Feind des Wachsens und Gedeihens in seinen Ecken schadend sich verberge.

Friedrich Schiller, «Wallenstein»

❖

Mein Gang ist die Bahn des Weltalls, dazu leuchtet in mir auch jener letzte Stern, dazu klingt mir, in geistigen Begriffen und Verhältnissen, die Harmonie aller Sterne.

Johann Gottfried Herder (37)

❖

Schnell bin ich hoch – tief unter mir die Erde,
bei mir ein Gott – Mensch an Gebärde,
vor mir der Sonnenkreis!

Ich seh Unendliches – ich fühl und seh und höre
die Harmonie der ganzen Sphäre,
was Newton zählt – der Seraph weiss
und Gott erschuf. – Gott, du bist hier,
der Seraph singt dir; Newton forscht dort Sterne!
Die ich von ihm einst, meinem Seraph lerne,
und ich – hier knie ich dir.

Johann Gottfried Herder (37)

❖

Wie du anfängst, wirst du bleiben, soviel auch wirket die Not und
die Zucht, das meiste nämlich vermag die Geburt und der Licht-
strahl, der dem Neugeborenen begegnet.

Friedrich Hölderlin (10)

❖

Bleibt so lange bei uns, bis wir auf gemeinsamen Boden, dort, wo
die Seligen alle niederzukehren bereit, dort, wo die Adler sind,
die Gestirne, die Boten des Vaters, dort, wo die Musen, woher
Helden und Liebende sind, dort uns, oder auch hier, auf tauender
Insel begegnen, wo die Unsrigen erst, blühend in Gärten gesellt,
wo die Gesänge wahr, und länger die Frühlinge schön sind, und
von neuem ein Jahr unse-
rer Seele beginnt.

*Friedrich Hölderlin,
«Hyperion» (37)*

❖

Denn werden die Gestirne
wieder die Erde besuchen,
der sie gram geworden
waren in jenen Zeiten der
Verfinsterung, dann kom-
men auch alle Geschlech-
ter der Welt nach langer
Trennung wieder zusam-
men.

*Novalis (Friedrich
Freiherr von Hardenberg)
(37)*

❖

Novalis

Getrost, das Leben schreitet zum ewigen Leben hin;
von innerer Glut geweitet verklärt sich unser Sinn.
Die Sternwelt wird zerfliessen zum goldenen Lebenswein,
wir werden sie geniessen und lichte Sterne sein.

Novalis, «Hymnen an die Nacht» (22)

❖

Ihr lieben Sterne, tröstlich alle Zeit,
Wer dächte, dass ihr arge Zwingherrn seid –
Ihr seid's!
Als sich die Erde mir erhellt,
Ward mir ein widrig Horoskop gestellt.
Weil, als ich kam, der Widder just geblüht,
Bin ich von unverträglichem Gemüt.
Ein flackernd Himmelsirrlicht trägt die Schuld
An meiner Wanderslust und Ungeduld.

C. F. Meyer in einem Gedicht über Ulrich von Hutten (16)

❖

Wie von der Sonn' geh'n viele Strahlen erdenwärts,
so geht von Gott ein Strahl in jedes Dinges Herz.
In diesem Strahle hängt das Ding mit Gott zusammen
und jedes fühlet sich dadurch von Gott entstammen.

Friedrich Rückert (16)

❖

Heinrich Heine

Traurig schau ich in die
Höh',
Wo viele tausend Sterne
nicken –
Aber meinen eignen Stern
Kann ich nirgends dort er-
blicken.
Hat im güld'nen Labyrinth
Sich vielleicht verirrt am
Himmel,
Wie ich selber mich verirrt
In dem irdischen Getümmel.

*Heinrich Heine,
«Romanzero» (4)*

❖

102

Der Tierkreis rollt im Sternenlauf,
Gewaltig steht das Feuer auf.
Der Mars zückt den geheimen Stahl
Und schlägt dem Mond ein Wundenmal,
Saturn, der Herr im Eiskristall,
Verheert der Sonne Flammenball,
Und Uranus im Donnerzorn
Stösst in das Horn ...

Friedrich Schnack in seinem Gedicht
«Umgang» (21)

VII.
Astrologische Volksweisheiten

Als Merkur und Jupiter
Sich im Zwilling grüssten,
Mars zugleich und
Venus sich in der Waage küssten,
Kam Cäcilchen auf die Welt,
Stier war in den Rüsten.
Ganz dieselbe Conjunktur
Hat sich mir gefunden,
So bin ich ihr zugesellt
Von der Gunst der Stunden,
Und durch meine Sterne schon
Meinem Stern verbunden.

«Carmina Burana», mittelalterliches
Vagantenlied (40)

❖

Nun solt ir wussen und verston
Das aller Planeten complexion
Dich zu keinen bösen dingen
Mögen dich nit zwingen
Von wegen der grossen Fryheit
Die got an uns hat geleit ...

Aus einem Zürcher Kalender,
1508 (40)

❖

Zuchtig, tugenhafftig und slecht [aufrichtig].
Weise, fridlich, sittig und gerecht ...

Aus dem Mittelalterlichen Hausbuch über
Jupiter und seine Kinder (40)

❖

Haarig, nervig, alt und kalt,
hinkend, stinkend, ungestalt

104

bin ich und alle meine Kind,
die unter mir geboren sind.
Planeten-Verslein über Saturn, 15./16. Jh. (40)

❖

*Im folgenden Spruch sind die 12 Häuser des Horoskops
verborgen:*
Es lebt [1] reich [2] Bruder [3], Vater [4], Kind [5],
krank [6] Hausfrau [7], alles Tods-Gesind [8],
und wandelt [9] auch mit Herrlichkeit [10], hat Glück [11],
wo Gefängnis [12] nicht bringt Leid. (40)

❖

Cholericus sind die Widder, Löwen, Schützen,
Phlegmaticus sind die Krebse, Skorpione, Fische,
Melancholicus sind die Stiere, Jungfrauen, Steinböcke,
Sanguineus sind die Zwillinge, Waagen, Wassermänner.
Alter Vers

❖

Der Volksmund wusste einst etwas von der Wirkung der Planeten
auf die Gesundheit von Mensch und Tier. So lehrte man die Wirkung der Sonne auf das belebende Herz – die Sonne des Körpers;
des Mondes auf Gehirn und Schleim, des Merkur auf Lunge und
Sprachorgane, der Venus auf die Nieren, des Mars auf die Mus-
keln, (mitunter auch auf die Galle), des Jupiter auf die Leber und
des Saturn auf die Knochen. Das bedeutete: Solarischen Krankheiten war mit solarischen Pflanzenkräften zu Leibe zu rücken,
mondhaften mit Kräutern, die dem Mond zugeordnet waren,
merkurischen Krankheiten mit Beruhigungskräutern, Venus-
Krankheiten mit Kräutern, die den Wasserhaushalt regeln, Mars-
Krankheiten mit eisenhaltigen Kräutern, Jupiter-Krankheiten
mit den Beeren und Früchten des Landes und saturnischen
Krankheiten mit Erde und getrockneten Kräutern von saturni-
schem Charakter.

❖

Zwei Widder begegnen sich auf einem schmalen Stege! Eigensin-
nig, wie sie sind, will keiner dem anderen das Vorfahrtsrecht zu-
gestehen: «Geh mir aus dem Wege, ich war zuerst auf dem Stege!» Sie fahren störrisch aufeinander los, krachend prallen die
Hörner aufeinander. Da – auf einmal schwankt der Steg, er bricht

durch, und die beiden Widersacher purzeln in den Bach. Jetzt kommt der Hirte herbei, der die Stelle der Polizei vertritt; er zieht die Widder heraus und verabreicht ihnen sogleich – sehr zur Genugtuung der Zuschauer – eine tüchtige Tracht Prügel «zur Strafe für ihren Eigensinn.»

Astrologieschulung in Fabeln als Beispiel

❖

Mein Sohn, du musst verstehen, dass du, um zu vermeiden alle Nichtigkeit, dieses Buch oft in die Hand sollst nehmen, um über das Geschäft des Schäfers zu lesen; und besonders von den sieben Planeten, von Mars und Saturn, der voll und hoch ist, und auch von der Sonne, der Himmelsmitte, und unter ihr die Venus, Luna und Merkur. Denn ihre Natur kennen, ist in Wahrheit eine grosse Kunst und zeigt, was geschehen mag, wenn jeder Planet herrscht; denn durch ihre Tätigkeit werden wir oft bewegt, lustig und fröhlich zu sein, und einige von ihnen, wie Gelehrte bewiesen haben, stiften uns an zu Diebstahl, Mord und Schlechtigkeit. Manche sind gut, manche wahrhaft schlecht, manche sind nicht angenehm für Mensch und Tier; manche heiss, manche kalt, manche nass, manche trocken, wenn drei gut sind, vier sind am Ende schlecht; Saturn ist der höchste und kälteste, voll von Bösem, und Mars mit seinem blutigen Schwert immer bereit zu töten; Jupiter sehr gut, und Venus macht Liebende glücklich, Sonne und Mond sind halb gut und halb schlecht, Merkur ist gut und fürwahr schlecht. Und hiernach sollst du wissen, welcher von den sieben am besten ist und wer oben herrscht und wer unten; von jedes Planeten Eigenschaften – und welche die beste ist von ihnen allen, die Reichtum bringt, Sorge und Sünde. Verweile und höre, mein Sohn, du sollst leise sprechen, denn jetzt beginne ich.

Aus einem Schäferkalender um 1500 (24)

❖

Immer kommt es anders im Leben als man denkt. So ist es eine Freude, dass es wenigstens mit dem Himmel übereinstimmt.

Volksweisheit aus dem Mittelalter, angeblich
auf Johannes Kepler zurückgehend

❖

Planeten teilen ordentlich / Getränke also unter sich:
Saturnus ganz ermattet schier / labt sich mit einem frischen Bier,

Der Jupiter trinkt Honig-Meet / dieweil er ihm nicht widersteht.
Mars gibt dir ein Glas Brantewein / dann schenkt er auch Rosotti ein.
Die Sonn gibt uns den Rebensaft / der neuen Geist und Mut verschafft.
Die Venus bringet Milch herbei / wer's trinken mag, der trinke frei;
Mercurius reicht warmen Tee / auch dem's beliebet ein Kaffee.
Der Mond stellt sich mit Wasser ein / und sagt: ohn' mich könnt ihr nicht sein.

Fresko von 1731 am Gasthaus «Drei Kronen»
in Augsburg (41)

❖

Was der Saturnus übel thut, das bringt der Jovis alles gut.

Volksspruch (40)

❖

Wenn die Christnacht fällt in den wachsenden Mond –
so gibt es ein Jahr, das sich lohnt.

Hirtenweisheit

❖

Der Widder ist waghalsig zielstrebend.
Der Stier ist halsstarrig liebevoll.
Der Zwilling ist zerstreut vielseitig.
Der Krebs ist gemütvoll empfindlich.
Der Löwe ist stolz grosszügig.
Die Jungfrau ist klug vorsorgend.
Die Waage ist weltoffen elegant.
Der Skorpion ist ungestüm individuell.
Der Schütze ist ideal lehrhaft.
Der Steinbock ist beständig ehrgeizig.
Der Wassermann ist geistvoll strebend.
Der Fisch ist instinktiv verletzbar.

Volksmeinungen über den jeweiligen
Charakter der Tierkreiszeichen

❖

Immer mit dem Kopf durch die Wand – typisch Widder!
Stur ist der – wenn er sich auch wie ein Stier kräftig ins Geschirr legt.

Neugierig ist die und vorlaut – sicher ein Zwilling!

Diese empfindliche Mimose – wenn das kein Krebs ist!

Wie man so befehlen kann – aber ein Löwe ist gerne autoritär.

Dieser Fleiss, diese Ordnung, das penible Wesen – wetten, eine Jungfrau!

Wankelmut und Eleganz, das sind die zwei Schalen einer Waage.

Wer sich so ungestüm in eine Sache verbeisst, kann nur ein Skorpion sein.

Diese Zeigefinger passen gut zu einem Schützen.

Was für ein stiller Streber mit steinernem Gesicht – ist halt ein Steinbock!

Wenn er ins Weltall starten könnte, er tät's, denn diese Wassermänner haben alle Flausen im Kopf.

Da kommt so ein verunsicherter Fisch kaum mit, um so besser kann er sich schauspielerisch verstellen.

❖

Um ein Horoskop zu erstellen, braucht man kein Genie zu sein; schwierig ist nur die Auslegung, denn die Vielfalt und der Nuancenreichtum der beteiligten Faktoren ist unendlich gross. – Erst wenn man ausser den zur Berechnung notwendigen Büchern keine anderen Werke mehr zu Rate ziehen muss, kann man sich als wahren Astrologen bezeichnen.

❖

Die Astrologen behaupten, Dienstmädchen, die unter Mars-Einfluss stehen, würden entschieden besser Feuer im Herd anlegen können als solche, die Mond- oder gar Saturn-Einfluss hätten.

❖

Man hat in der Prophetie auf Anfangszustände grosses Gewicht gelegt, indem man aus dem augenblicklichen Milieu einer gegebenen Zeit ein Bild der ganzen Zukunft eines Dinges oder einer Person entwickelte. Zu erwähnen sind einige im Volksmunde sehr geläufige Dinge: der erste Schritt, der erste Anblick, die erste Liebe, das neue Jahr mit dem Mitternachtsmoment, die Morgenstunde, die Gold im Munde haben soll, die besonders Chemiker schätzen, der erste Kuckucksruf, der erste Blitz und der erste Vogel aus dem Süden.

VIII.
Zuordnungen der Planeten und Tierkreiszeichen im Volksmund

Sonnencharaktere haben ein zuversichtliches, strahlendes Gesicht. Mondcharaktere schauen träumerisch und eher mal in sich hinein. Merkurische Menschen blicken intelligent und schnell reagierend den anderen an. Venuscharaktere schauen mit verzeihenden, liebevollen Augen. Marsgesichter sind streng, knochig und blicken oft fanatisch. Jupiterhafte Menschen haben einen warmen, aber bestimmenden Blick. Saturnier sehen stets ernst und etwas traurig drein, auch wenn sie noch Kinder sind. Uranische Charaktere blicken schlau und rätselhaft zugleich. Neptunier schauen selten, und wenn mit verschwommenen Augen. Plutocharaktere sehen andere kurz und auch kalt, oft sehr abschätzend an.

❖

Wir wollen die Jahresregenten ruhig beibehalten. Sie sind Boten aus einer fernen Zeit, da sich die Menschen auch mit den Gestirnen fest verbunden fühlten, obwohl sie noch nicht, wie wir heutigen, wussten, dass die Menschen wie Sonne, Mond und Sterne Geschöpfe aus der Hand des Schöpfers sind. Und wir wollen den Jahresregenten einen Sinn geben, der seit Menschengedenken mit ihrem Namen verknüpft ist: Saturn soll uns an die Besinnlichkeit des reifen Alters gemahnen; Jupiter an die Würde dessen, der Verantwortung trägt; Mars soll uns mahnen, zur rechten Zeit den rechten Kampfgeist zu zeigen; wie die Sonne wärmt und belebt, so soll aus uns das Licht der Liebe strahlen; Venus sei uns Vorbild der liebenden Frau und Mutter; von Merkur sollen wir lernen klug wie die Schlangen zu sein, denn allein ohne Arg wie die Tauben werden wir in dieser Welt nicht bestehen können; und der Mond mit seinem milden Licht soll uns Stille geben.

Huberta von Bronsart (11)

❖

Es ist längst Selbstverständlichkeit, dass die alten Unterschiede von glückbringenden und unglückbringenden Konstellationen, ja von Glücks- und Unglücksplaneten zu verschwinden haben. Die Fülle Jupiters, des grossen Glücks der Alten, vermag in der Hand des Menschen recht zweifelhafte Formen anzunehmen, wohingegen die Beschränkung Saturns, des grossen Unglücks, äusserst segenvoll wirken kann. Zum anderen sind die sogenannten unglücklichen Aspekte, die Opposition oder das Quadrat zweier Planeten, in dem Horoskop eines Menschen die beste Gewähr für das Vorhandensein vertiefter Entwicklungsmöglichkeiten, weil sie die für eine Entwicklung so notwendigen Momente der Spannung und des Widerstandes herbeischaffen. Die astrologische Praxis kennt die grosse Leere und das nichtssagende Gleichgewicht der glücklichen Horoskope.

Heinz Artur Strauss (41)

❖

Erscheint zum Beispiel der Fuchs als räuberisches Tier, so rangiert er unter das Marsprinzip wie alle Raubtiere; sieht man in ihm aber das listige verschlagene Tier der Fabel, das alle anderen durch seine schlauen Reden betört, so stellt er sich als echtes Merkurwesen dar. Die Katze rangiert als Raub- und Krallentier ebenfalls unter Mars; als Schmeichelkatze aber, mit ihren Samtpfötchen, verkörpert sie das Venusprinzip, dessen Prototyp zum Beispiel auch Schmetterlinge sind: Wesen, bei denen die Liebe zu einer Inkarnation für sich geworden. Wesen nur aus Organen der Wonne: ganz Auge, Flügel, Taster, Geschlecht. Keine Vorkehrungen mehr im Körper für diffamierende Funktionen: Kampf – Frass. Der Elefant – um ein letztes Beispiel zu bringen – könnte als langsam schreitendes, ruhiges und uraltes Tier mit seiner verschrumpfelten Haut unter Saturn rubriziert werden, während er als kluges, verständiges Tier, dem Weisheit und Erfahrung zugeschrieben wird, sich sinnvoll dem Jupiterprinzip einfügt.

Heinz Artur Strauss (41)

❖

Die modernen, psychologischen Astrologen bezeichnen die alten Glücksaspekte wie das Sextil und das Trigon bestenfalls als «Wunderkinder-», wenn nicht gar als «Vereinsmeier-Aspekte». Vielleicht beginnst du nun zu beobachten, warum …

… du heute so rastlos warst und so angriffslustig, vorschnell, unüberlegt und reizbar;

… die Menschen so gutmütig waren, das Essen so gut geschmeckt hat und Besitz einen wichtigen Platz eingenommen hat;

… du heute 20 Dinge auf einmal machtest, Menschen trafest, die du Jahre nicht gesehen hast und du deine Probleme durch nüchternes Denken lösen konntest;

… du heute soviel Gefühl entwickelt hast, warum du weinen musstest und alle so launenhaft waren.

… du unerschütterlich warst in deinem Selbstbewusstsein, masslos in deinem Begehren und viel zu theatralisch auftratest;

… du alles genau nahmest, so dass du deiner Umwelt auf die Nerven gingst, aber dein Arbeitspensum erfüllen konntest;

… das *Du* heute so wichtig war, die Suche nach Harmonie mit dem anderen jedoch das Entscheiden so schwierig machte;

… du heute der Faszination einer Stimmung so ausgeliefert warst, dass dir Leidenschaft zum Begriff wurde;

… heute die Trennlinie zwischen gut und böse so scharf war und die Menschen so bereit, das zu glauben, was sie sagten;

… dich das Pflichtgefühl eingeholt hat, der Perfektionismus, mit dem du anderen deine Grösse beweisen wolltest;

… die Dinge eigenartig waren und du in ihnen – launenhaft, nervös, rastlos, sprunghaft und übermütig;

… du heute nur aus Gefühl bestandest, voll von Hingabe und Bereitschaft, mitzuerleben und mitzuerfahren.

Das waren – wer es nicht gemerkt hat – die Mondstellungen in den 12 Tierkreiszeichen. Angefangen mit Widder – aufhörend mit Fische.

«Mondkalender 1982», Buchhandlung 777, Wien (39)

❖

DIE ANBLICKE DER PLANETEN

In der Konjunktion (0 Grad Abstand) stehen die Planeten eng zusammen, sie schauen sich tief in die Augen, fassen sich bei der Hand, weil sie nur gemeinsam handeln können. Das kann gut gehen oder nicht, dies kommt auf die Grundbeschaffenheit der Planeten an. Stehen zwei Gegensätze beieinander wie der antreibende Mars und der verzögernde Saturn, dann müssen sich diese Kräfte zusammenraufen, wie zwei Eheleute, die völlig gegensätzlich veranlagt sind, aber durch die gegenseitige Liebe nicht voneinander wegkommen.

Im Sextil (60 Grad Abstand) verhalten sich zwei Planeten harmonisch, wie zwei Flüsse, die im milden Winkel ineinanderfliessen, da sich der kleinere Fluss im grösseren ergeht, sich aufgibt, um somit dem grossen Strom neue Impulse zu geben.

Im Quadrat (90 Grad Abstand) schauen sich die Planeten von der Seite an, einer sieht nicht den Blick des anderen. Das macht unsicher und unfrei, weil es dich ängstigt und hemmt, weil mögliche Feindschaft nicht erkennbar, mögliche Freundschaft sich nur zögernd offenbart.

Im Trigon (120 Grad Abstand) blicken sich die Planeten meist sehr freundlich an, wie wenn man plötzlich einen alten Bekannten in der Ferne trifft oder jemandem begegnet, der mit einem die gleiche Sprache spricht. Das ist oft wie eine innere Vertrautheit, die keine Worte braucht, ist ein stummes inniges Verstehen, ein Ruhe – ja Glückspunkt im Trubel der Zeit, deren Abläufe darüber jedoch vergessen werden können.

In der Opposition (180 Grad Abstand) stehen sich die Planeten gegenüber, zum Kampf bereit, aber auch mit der Bereitschaft, aufeinander zuzugehen, denn man braucht sich als Ergänzung. Hier ziehen sich zwei Kräfte magnetisch an, wie sich Menschen angezogen fühlen, die nicht voneinander loskommen, obwohl ihre Gegensätzlichkeit unverkennbar ist. Gegensätze ziehen sich an, das ist bei der Opposition meist der Fall. Aber die Opposition zeigt auch den Weg der Entwicklung vom Start zum Ziel, damit auch, was es auf diesem Weg alles zu überwinden gibt.

❖

ZUORDNUNGEN DER METALLE ZU DEN PLANETEN

Der Sonne ist das Gold zugeteilt. Deswegen war Gold stets das wichtigste, ja das wertvollste Metall, das königlich/kaiserliche Metall, das als glücksbringendes Metall angesehen wurde, das aber auch in jedem anderen Metall – wenn auch in Spuren – enthalten ist. Deswegen versuchten die Alchimisten stets aus anderen Metallen Gold zu gewinnen.

Dem Mond ist das Silber zugeteilt, das wertvollste Metall nach dem Gold, das mit seinem milden Schimmer auch dem Mondlicht in der Nacht nahekommt. Silber ist biegsamer als Gold, auch darin dem Mond entsprechend, der sich ja stets anpassend am Himmel verändert.

Dem Merkur ist das Quecksilber zugeteilt, Ausgangspunkt für viele Legierungen und Entwicklungen, das nicht ganz fest, meist auch nicht fassbar und daher zerfliessend ist, wie ja auch der Merkur sich stets anpassend verhält. Quecksilber diente zu alchimistischen Experimenten, daher stellte Hermes/Merkur die höchste Gottheit der Alchimie dar.

Der Venus ist das Kupfer zugeteilt mit seiner rötlich-goldenen Farbe, die sich besonders mit dem Gold vermischt, aber auch das Gold stärkt und festigt. Nicht ohne Grund muss auch ein Ehering Kupfer enthalten, denn das Venushafte ist ja für die Erhaltung einer Ehe ungemein wichtig. Es ist daher – nach alter Volksmeinung – völlig verkehrt, wenn Eheringe mehr Gold als Kupfer enthalten; im Gegenteil, je höher der Kupferanteil im Ring, um so fester hält die Ehe.

Dem Mars ist das Eisen zugeordnet, das Metall, aus dem die meisten menschlichen Werkzeuge hergestellt sind, vom Pflug angefangen, aber auch die Waffen, die Pfeilspitze und das Schwert. Eisen ist ein Metall, welches nicht rosten darf, wie auch die Marskraft in uns nie einrosten darf, weil sonst der Lebens- und Schaffensdrang erlischt und auch der kämpferische Mut.

Dem Jupiter ist das Zinn zugeschrieben, ein Metall, das an fürstlichen Höfen stets geachtet wurde. Besonders wer die Fülle des Jupiter geniessen wollte, etwa beim Essen und Trinken, der deckte den Tisch mit Zinngeschirr. Erst vom Zinn genossen, entfalten sich die Köstlichkeiten des Gaumens. Auch gehörte es stets zum guten Brauch, die alten Stadtwappen auf Zinntellern zu verfertigen.

Dem Saturn wurde stets das Blei zugeteilt, ein unscheinbares Metall, das aber in besonderem Masse tödlich sein kann. Bleivergiftungen waren immer bekannt und gefürchtet, und noch heute enthält das Trinkwasser oft zuviel Blei. Auch waren die Kugeln aus Blei stets die Tod und Unglück bringenden Waffen. Wie Gold der Gesundheit schaden kann, so ist Blei meist abträglich für das Wohlbefinden der Menschen.

Dem Uranus – nachdem man ihn erst in neuerer Zeit entdeckte – wurde das Aluminium zugeschrieben, das Metall, das leicht und beweglich ist, das den technischen Fortschritt eingeleitet hat und vielseitigst verwendbar ist. Aber Aluminium verträgt sich nicht mit Blei, wie auch Uranus und Saturn in der Mythengeschichte Feinde waren, denn Saturn entmannte seinen Vater Uranus – wenn auch zur Rettung der Menschheit.

Dem Neptun sind die Metalle zugeschrieben, die nur in Spuren vorkommen und die schwer fassbar und auch schädigend sind wie etwa das Cadmium.

Dem Pluto wird der Stahl zugeordnet, das veredelte Eisen, das dort verwendet wird, wo das normale Eisen nicht mehr ausreicht. Pluto gilt als die höhere Stufe des Mars.

❖

ZUORDNUNGEN DER TAGE ZU DEN PLANETEN

Der Volksmund wusste es schon immer: jeder Tag gehört einem Planeten.

Der Montag gehört dem Mond. Hier regiert das Gemüt, deswegen herrscht auch meist keine allzugrosse Arbeitslust, sondern eher Trägheit, was zum Begriff «blauer Montag» führte (von «blaumachen»).

Der Dienstag gehört dem Mars. Da geht es darum, alles mit Schwung und Elan zu beginnen. Viele meinen gerade an diesem Tag ihren Willen durchsetzen zu wollen. Sie vergessen aber, dass auch das Dienen zum Leben gehört. Der Dienst-Tag sollte sie daran erinnern.

Der Mittwoch gehört dem Merkur. Merkur war stets der Mittler zwischen den Welten, auch zwischen den Göttern und dem Olymp. Merkurisch handeln heisst, sich um die Mitte zu bemühen, was ja der mittlere Tag der Woche bezeugt.

Der Donnerstag gehört dem Jupiter. Jupiter straft mit Blitz und Donner, weswegen man dem germanischen Gott mit der Jupiterfunktion den Namen Donar gab. Am Donnerstag geht es um die Gerechtigkeit. Wer Prozesse hat, wer Prozesse in Gang bringt, sollte auf einen Donnerstagstermin setzen, weil einem da Gerechtigkeit wohl am nächsten ist.

Der Freitag gehört der Venus. Freya hiess die Göttin, die im germanischen Mythos die Venus-Funktion vertrat. So wurde der Freitag auch zum Tag der Freude, des Vergnügens und der Lust, somit zum Freisein von jeder Beschränkung. Das führte zur Fleischeslust, die von der Kirche verurteilt wurde. Darin liegt der wahre und tiefere Sinn des «fleischlosen» Freitags, an dem statt

Fleisch Fisch (christliches Symbolzeichen) verspeist wird. Es geht dabei also weniger um den Braten als um die «verwerfliche» Fleischeslust, auf die man nach kirchlicher Moral verzichten sollte. Der Samstag gehört dem Saturn. Die Engländer nennen diesen Tag noch immer «saturday». Es heisst also, sich nach dem Tag der Lust wieder zu beschränken, zum wahren Kern in sich zu gelangen, Werte zu erkennen und sich auf eine Aufgabe zu konzentrieren. Der Sonntag gehört der Sonne. Es ist der Tag des Herrn, der Kraft gibt, und an dem ich mich mit meinem Kern und mit meinem Herzen ganz einig fühlen soll.

❖

Um die Wirkung der Planeten volkstümlich zu erklären, wählte ein Astrologe das Bild des Rundfunksenders aus dem All, der zehn Programme sendet. Mars sendet Militärmärsche, Venus charmante Tanzmusik, Merkur praktische Vorträge besonders über Tagesfragen und des Nachts philosophische Beiträge. Das Mondprogramm besteht aus Sonaten und lyrischer Dichtung, während vom Sender Sonne eher bewegte Symphonien kommen. Jupiter sendet die grosse Epik, ein Glaubens- und Lehrprogramm. Sender Saturn zeichnet verantwortlich für die Tragödien der Menschheit und des Individuums. Uranus hat auf seinem Programm an erster Stelle Technik, daneben aber auch Aphorismen und Kabarett, während wir vom Sender Neptun einmal schwer verständliche mystische Neutöner empfangen können, aber auch Programme, die suggestiv auf die Selbstbesinnung abgestimmt sind. Pluto schliesslich sendet das politische Programm und Lehrstücke über die Eigendurchsetzung in der Masse. Nun ist der Empfang der Sender nicht immer gut, denn diese Radiostationen «wandeln» ja. Und wer sie anpeilen will, der wird nicht immer Erfolg haben, denn mal stehen die Sender über dem Horizont, sind also gut zu empfangen, mal stehen sie unter dem Horizont und sind nur bedingt zu hören, meist mit Verzerrungen. Hinzu kommt noch ein Problem. Diese Sender wechseln ihre Standorte, manche jedoch sehr schnell, manche sehr, sehr langsam. Und dann stören sie sich gegenseitig, sie überlappen sich, oder sie senden bei einer Konjunktion – wenn sie zusammenstehen – gemeinsam; nur hört der Hörer nicht das Programm, das er sich wünscht. Manchmal hört man den einen Sender von links, den anderen von rechts. Wenn sie jedoch in Opposition stehen, dann ist der eine Sender leicht zu empfangen, weil über dem Horizont, der andere sehr schwer, weil unter dem Horizont. Und wenn man Glück hat, dann hört man drei Sender gleichzeitig in grösster Harmonie wie ein himmlisches Stereokonzert, dann stehen die Radiostationen im 120-Grad-Winkel entfernt – im Trigon. So wechseln die Empfangsmöglichkeiten ständig, und die himmlische Musik bleibt immer ein Erlebnis und ein grosses Wunder.

Nach Hans Beer (3)

❖

In jedem Gebrauchsgegenstand lebt die astrologische Symbolik auf; man denke sich die Planetenkräfte nur in ein gewöhnliches Auto hinein: Die Sonne stellt das Herz des Wagens dar, den Motor. Der Mond ist die Seele des Autos, der gute Geist also, der aus der Erfahrung eine Gesamtkonzeption geschaffen hat. Merkur symbolisiert die vielen Gerätschaften, so unter anderem die Blinker, die anzeigen, wo Jupiter, der die Lenkung verkörpert, den Wagen hinsteuern wird. Venus ist für die Schönheit des Automobils verantwortlich, für die Form der Karosserie, für die bequemen (Liege-) Sessel und das Design. Mars steckt im Gaspedal, und Saturn beherrscht die Bremsen. So stehen sich auch Mars und Saturn von ihrer Grundfunktion aus gegenüber, sie müssen sich arrangieren. Uranus beherrscht die Elektronik, den zündenden Funken, während Neptun in den Scheinwerfern, besonders in den Nebelscheinwerfern sitzt, und hoffentlich auch im Rücklicht. Pluto schliesslich verkörpert die jeweilige Automarke, die ein Statussymbol versinnbildlicht. Und nur wenn alle zehn Kräfte gut zusammen harmonisieren, macht das Autofahren Spass.

❖

DIE PLANETEN UND TIERKREISZEICHEN IM JAHRESABLAUF
Unter Mars in Widder bricht die Natur auf und entwickelt eine Kraft, die sich auf alle Lebewesen überträgt. Unter Venus als Morgenstern in Stier gelangt die Natur zu ihrer Blütezeit und bereitet überall Freude, die sich auf alle Lebewesen überträgt. Unter Merkur als Morgenstern in Zwillinge zeigt sich die Natur bewegt, befruchtend verbindungsfreudig, was sich bei allen Lebewesen deutlich bemerkbar macht. Unter Mond in Krebs reift die Natur, sie gebärt, sie wendet sich ganz den Kräften zu, aus denen

sie schöpft, und mit ihr alle Lebewesen. Unter Sonne in Löwe entfaltet die Natur ihre grösste Kraft des Jahres, sie zeigt sich üppig und grosszügig, was alle Lebewesen mit Stolz erfüllt. Unter Merkur als Abendstern in Jungfrau bietet sich die Natur zur Ernte an, sie gibt ihre besten Früchte her, und alle Lebewesen bedienen sich eifrig und sorgsam. Unter Venus als Abendstern in Waage zeigt sich die Natur in ihrer herbstlichen Schönheit, bunt und vielleicht auch schon etwas wehmütig, und diese Wehmütigkeit erfasst alle Lebewesen, die daher enger zusammenrücken. Unter Mars und Pluto in Skorpion stirbt die Natur und verengt sich, es breiten sich Dunkelheit und Angst aus, und damit müssen sich alle Lebewesen auseinandersetzen. Unter Jupiter in Schütze entfaltet sich die Natur in der Stille und unsichtbar, der nächtliche Himmel regiert und verkündet die Ankunft des Heils, des Neuen, auf das alle Lebewesen warten. Unter Saturn in Steinbock zieht sich die Natur schützend zusammen, um der kalten Jahreszeit nicht zu sehr ausgesetzt zu sein, und alle Lebewesen empfinden diese Tage als Besinnung auf die eigene Kraft. Unter Uranus in Wassermann wacht die Natur oft schon sprunghaft, aber auch etwas vorwitzig auf, und alle Lebewesen nehmen dies mit Freude zur Kenntnis. Unter Jupiter und Neptun in Fische befruchtet sich die Natur, und alle Lebewesen spüren instinktiv, dass nun die Helle wieder vor der Tür steht.

❖

SONNENSTÄNDE IM TAGESABLAUF

Wer zwei Stunden vor Tagesanbruch beziehungsweise vor Sonnenaufgang geboren wurde, verfügt über ein starkes Selbst- und Ichbewusstsein.

Wer bis zu zwei Stunden nach dem Tagesanbruch oder Sonnenaufgang geboren wurde, der scheut dagegen eher die Öffentlichkeit und ist von Schüchternheit befallen.

Wer in der Zeit von zwei Stunden bis vier Stunden nach Tagesanbruch beziehungsweise nach Sonnenaufgang geboren wurde, der sucht sich einen Freundeskreis und ist meistens sehr sozial eingestellt.

Wer zwei Stunden vor Mittag bis zur Mittagsstunde geboren wurde, der sucht Verantwortung, der will eine führende Stellung im Leben einnehmen, der ist kaum zu bremsen.

Wer von der Mittagsstunde an bis zu zwei Stunden nach Mittag geboren wurde, der ist voller Idealismus, reist gerne in fremde Länder und philosophiert und missioniert.

Wer in der Zeit von zwei Stunden bis vier Stunden nach der Mittagsstunde geboren wurde, der ist ein Grübler, der macht sich oft Gedanken über das Leben nach dem Tod, und der ist auch für Prophezeiungen anfällig.

Wer zwei Stunden vor der Abenddämmerung bis zum Sonnenuntergang, also bis zum Nachteinbruch geboren wurde, der ist ganz auf das Du ausgerichtet, der kann schwer allein sein, schätzt das positive Echo und scheint sehr kritikempfindlich zu sein.

Wer vom Sonnenuntergang an bis zu zwei Stunden danach geboren wurde, der ist pflichtbewusst, hilft gerne, ja er verfügt meist über Heilkräfte. Er scheut keine Überanstrengung, wenn er auch mit seiner Gesundheit oft Schindluder treibt.

Wer in der Zeit zwischen zwei Stunden bis zu vier Stunden nach Sonnenuntergang, also nach Nachteinbruch geboren wurde, der liebt das Vergnügen, schätzt die Erotik, der will das Leben von seinen schönsten Seiten geniessen und der mag Kinder.

Wer in der Zeit von zwei Stunden vor Mitternacht bis zur Mitternacht geboren wurde, der liebt seine Heimat und hat kein Fernweh, der zieht sich gerne in seine vier Wände zurück und sorgt für sein Alter vor, das er in Ruhe verbringen will.

Wer in der Zeit von Mitternacht bis zu zwei Stunden danach geboren wurde, der bewältigt die Alltagsprobleme meist in vorbildlicher Art. Er empfängt gerne Besuch, liebt das Gespräch, er schreibt, und er betätigt sich bestens als Vermittler.

Wer in der Zeit von zwei Stunden nach Mitternacht bis zu zwei Stunden vor Sonnenaufgang geboren wurde, der scheint allgemein sehr talentiert, aber dessen Talente bilden sich meist schwer aus, weil das materielle Interesse zu gross ist.

(Anmerkung: Diese Einteilung gilt so ungefähr für den Frühling und den Herbst. Im Sommer verkürzen sich die Nachtstunden, im Winter die Tagstunden zirka um die Hälfte, während sich im Sommer entsprechend die Tagstunden und im Winter die Nachtstunden um die Hälfte verlängern.)

❖

DIE PLANETEN UND DIE LEBENSJAHRE

Die ersten vier Kinderjahre soll nach einigen Überlieferungen der Mond beschützen. Ihm folgt Merkur, die verstandesentwickelnde Kraft; zehn Jahre dauert seine Herrschaft. Der Venus gehören die anschliessenden acht Jahre. Die Sonne folgt mit zehn, Mars mit sieben, Jupiter mit zwölf Jahren, bis Saturn endlich die Zeit der Herrschaft beschliesst, auch seine Zeit beträgt zwölf Jahre. Bei dieser Verteilung steht am Ende der Jahre das grosse Klimakterium, das gefährliche 63. Lebensjahr.

Aus einer mittelalterlichen Chronik

❖

DIE SPIELKARTEN BUBE, DAME, KÖNIG IM SPIEGEL DER TIERKREISZEICHEN

Herzbube: Widder
Herzdame: Schütze
Herzkönig: Löwe
Kreuzbube: Stier
Kreuzdame: Jungfrau
Kreuzkönig: Steinbock
Karobube: Zwillinge
Karodame: Waage
Karokönig: Wassermann
Pikbube: Skorpion
Pikdame: Krebs
Pikkönig: Fische

Viele Menschen, besonders Karten- und Glücksspieler, tragen «ihre» Karte stets bei sich:

❖

DIE MODERNEN TEMPEL DER SIEBEN ALTEN PLANETEN

Die Tempel der Sonne sind die Kirchen und Dome.

Die Tempel des Mondes sind die Hospitäler und die Heime aller Art.

Die Tempel des Merkur sind die Warenhäuser und Supermärkte.

Die Tempel der Venus sind die Bordelle und Sexschuppen.

Die Tempel des Mars sind die Kasernen und Sportarenen.

Die Tempel des Jupiter sind die Ministerien und Gerichtsgebäude.

Die Tempel des Saturn sind die Schulen und Gefängnisse.

❖

DIE GÖTZENBILDER DER PLANETEN

Die Sonne war das Götzenbild des Stolzes.
Der Mond war das Götzenbild der Launen.
Der Merkur war das Götzenbild der Geldgier.
Venus war das Götzenbild der Ausschweifung.
Mars war das Götzenbild des Zornes.
Jupiter war das Götzenbild der Gaumenlust.
Saturn war das Götzenbild des Neides.

Diese Götzenbilder des Volksmundes beruhen auf Thesen von Thomas von Aquin.

❖

VERBINDUNG VON ASTROLOGIE UND ALCHEMIE

Die Alchemie kennt vier Elemente: Feuer gleich warm und trocken, Erde gleich kalt und feucht, Luft gleich warm und feucht, Wasser gleich feucht und kalt.
Astrologie: Widder, Löwe, Schütze sind von Natur aus warm und trocken, Stier, Jungfrau, Steinbock von Natur aus trocken und kalt, Zwillinge, Waage, Wassermann von Natur aus feucht und warm, Krebs, Skorpion, Fische von Natur aus kalt und feucht.

❖

GLÜCKS- UND SCHMUCKSTEINE DER TIERKREISZEICHEN

Jaspis für die Widder, aber auch der Diamant,
Karneol für die Stiere, aber auch der Achat,
Goldtopas für die Zwillinge, aber auch der Kristall,
Chrysopras für die Krebse, aber auch eine weisse Perle,
Bergkristall für die Löwen, aber auch der Rubin,
Gelber Achat für die Jungfrauen, aber auch der Beryll,
Orange Topas für die Waagen, aber auch der Saphir,
Sarder für die Skorpione, aber auch der Malachit,
Chalzedon für die Schützen, aber auch der Smaragd,
Schwarzer Onyx für die Steinböcke, aber auch der Sardonyx,
Türkis für die Wassermänner, aber auch der Bernstein,
Amethyst für die Fische, aber auch die Koralle.

❖

GLÜCKSZUORDNUNGEN IM VOLKSMUND

Glück haben die Widder in Sportstadien und Fabriken wie in allen Kampfarten,
die Stiere in Gärten, Theatern und allen Lokalen,

die Zwillinge auf Jahrmärkten, bei Kirmesfeiern und in Schulen,
die Krebse am Meer, in Wäldern, an den Seeufern und in der Stille,
die Löwen in Kirchen, an allen Versammlungsorten, in Schlössern und Palästen,
die Jungfrauen auf Märkten, in Schulen und in Bibliotheken,
die Waagen auf Banketten, in Tanzsälen, im Konzerthaus und auf diplomatischem Parkett,
die Skorpione in Thermalbädern, am Brunnen, im dunklen Wald, in der Nacht,
die Schützen in fremden Ländern, auf der Reitbahn, bei der Jagd,
die Steinböcke in Wüsten wie im Gebirge, in Höhlen, unterirdischen Gewölben, in Ruinen,
die Wassermänner auf dem Flugplatz, an Orten der Technik, im Kino,
die Fische in Mühlen, in Moorlandschaften, in Kathedralen und Dorfkirchen.

❖

ZUORDNUNGEN DER PLANETEN AUF DEN BRETTERN, DIE DIE WELT BEDEUTEN

Die alten Dramatiker und Tragödienschreiber wussten: Soll ein Stück «alle» ansprechen, dann müssen die Vertreter der sieben alten Planeten mitspielen. So die Sonne, die stets in der Autoritätsperson und als Vaterfigur auftritt. So der Mond, der als Mutter, als weise Frau, als Seherin und als heimliche Beschützerin mit von der Partie sein muss. So der Mars, der jugendliche Liebhaber, der unbedingte Kämpfer, der keinen Widerstand scheut, der junge Revolutionär, ob aus Idealismus oder aus Eigennutz. So die Venus, die als junge Liebhaberin, mutige Heldin, als Amazone, aber auch als Salondame oder Maitresse stets Liebling des Publikums war und ist. So der Jupiter, der Herrscher, der das Recht und den Staat und die Gesetze vertritt, der aber auch Lehrmeister ist, der Lehrer und der geistige Führer. So der Saturn, der einmal als Intrigant auftritt, dann aber auch die Person spielt, die die Prüfung abnimmt, an denen Mars und Venus wachsen müssen. Und mittendrin in vielen Rollen der Merkur als Vermittler, als Bote, als Freund, als Lauscher und als deus ex machina.

❖

121

Das Tierkreiszeichen Widder versinnbildlicht: Kraft und Gewalt.
Das Tierkreiszeichen Stier versinnbildlicht: die Dauer.
Das Tierkreiszeichen Zwillinge versinnbildlicht: die Bewegung.
Das Tierkreiszeichen Krebs versinnbildlicht: die Veränderlichkeit.
Das Tierkreiszeichen Löwe versinnbildlicht: Macht und Autorität.
Das Tierkreiszeichen Jungfrau versinnbildlicht: Analyse und Zweifel.
Das Tierkreiszeichen Waage versinnbildlicht: den Ausgleich.
Das Tierkreiszeichen Skorpion versinnbildlicht: die Abwehr.
Das Tierkreiszeichen Schütze versinnbildlicht: Recht und Gerechtigkeit.
Das Tierkreiszeichen Steinbock versinnbildlicht: den Widerstand.
Das Tierkreiszeichen Wassermann versinnbildlicht: die Umwälzung.
Das Tierkreiszeichen Fische versinnbildlicht: die Unentschlossenheit.

Nach Nikolaus von Sementowski-Kurilo (37)

❖

Widder sind eifrig, aber auch oft eigenwillig.
Stiere sind beharrend, aber auch oft stur.
Zwillinge sind beweglich, aber auch oft zerstreut.
Krebse sind geduldig, aber auch oft empfindlich.
Löwen sind stolz, aber auch oft autoritär.
Jungfrauen sind fleissig, aber auch oft kleinlich.
Waagen sind liebenswürdig, aber auch oft zu vielversprechend.
Skorpione sind suchend, aber auch oft zu ungestüm.
Schützen sind ideell, aber auch oft lehrhaft.
Steinböcke sind ehrgeizig, aber auch oft zu bockig.
Wassermänner sind ideenreich, aber auch oft zu verspielt.
Fische sind hingebend, aber auch oft zu kalt.

❖

Frühlingskinder werden von Mars, Venus und Merkur regiert, Sommerkinder von Mond und Sonne, Herbstkinder (wie die Frühlingskinder) von Merkur, Venus und Mars, Winterkinder von Jupiter und Saturn.

Volksregel, bevor die Planeten Uranus, Neptun und Pluto wiederentdeckt wurden.

❖

ZUORDNUNGEN DER PLANETEN ZU DEN PFLANZEN

Der Sonne unterstehen: alle Getreidearten und die Korbblütler; der Reis, der Mais, die Palme, die Sonnen- und Ringelblume, die Arnika, der Apfelsinenbaum und der Granatapfel wie auch die Mandel- und Lorbeerbäume, die Pfingstrose, alle exotischen Pflanzen, die Orchidee, der Kirschbaum, die Weide und die Esche, schliesslich die Mistel und der Senf.

Dem Mond unterstehen: alle Kohlsorten, der Kürbis, die Melone, die Gurken; die Wasserpflanzen; der Klee, der Klatschmohn, die Kresse und die Salate wie der Lattich; die Kakteen und Sukkulenten, die Kartoffeln wie alle Nachtschattengewächse; auch die Schwertlilien und die Wunderblume; Pflanzen mit hohem Nährgehalt und Heilkräuter.

Dem Merkur unterstehen: der Farn, die Haseln, das Geissblatt, der Wachholder; die Melisse, die Azalee, Fenchel, Dill und alle Gewürze, die dem Essen den Pfiff geben; das Vergissmeinnicht, der Lavendel, der Baldrian (den Zwillinge nehmen sollten), die Narzisse, der Maulbeerbaum, die Minze; Schafgarbe und Zichorie, der Flachs.

Der Venus unterstehen: die Linde als Venus- oder Freyabaum; die Birke, die Myrthe, der Flieder; Reseda, der Ölbaum, das Maiglöckchen; die Akelei, der Rittersporn, die Butterblume; die Artischocken, der Sellerie, wie alle Pflanzen, die die Liebeskraft verstärken; der Wegerich, die Malve, Rosmarin, Waldmeister; die Weinrebe, die Erdbeere, die Tomate, das Stiefmütterchen und die Rose.

Dem Mars unterstehen: die Pfingstrose, die Dahlie, die Primel, der Rhabarber, der Meerrettich; alle Pflanzen, die gut gären, aus denen Alkohol zu gewinnen ist; der Enzian; die Zeder und Zypresse; der Champignon, der Spinat und der Grünkohl, die Zwiebel, der Knoblauch und die Brennessel; Wermut, Eisenhut und Nieswurz; die Klette und Aloe.

Dem Jupiter unterstehen: die Obstbäume, in erster Linie der Apfel- und Pfirsichbaum; alle Nussbäume, der Hafer, der Ahorn, der Spargel; das Sandelholz, die Buche und der Eukalyptus; das Zuckerrohr, Majoran, der Pfeifenstrauch; alle Luxusgemüse; das Zinnkraut, die Zichorie, Salbei und Borretsch, Anis und Eibisch und das Tausenguldenkraut.

Dem Saturn unterstehen: die Koniferen wie der Tannenbaum, die Fichte, die Kiefer; aber auch die Pappel; der Mispelbaum; die Distel, das Bilsenkraut; bei jeder Pflanze das Holz, die Rinde und die Wurzel; die Schlehe, der Efeu wie alle Bodendecker; und die Bäume, die Kernfrüchte tragen, wie die Zwetschge; die Brombeere und die Stachelbeere; alle spröden Pflanzen.

Dem Uranus unterstehen: alle schillernden Pflanzen; Rosmarin, Thymian, die Mimose, die Himmelsblume; der Gummibaum, der Drachenbaum, die Sansiveria; die Seerose.

Dem Neptun unterstehen: Tabak, Kaffee, Tee, die Kokosnuss, alle Pflanzen, die Narkotika enthalten; Kokain, der Mohn, der Hanf; Belladona.

Dem Pluto unterstehen: alle Giftpflanzen; Pflanzen mit giftigen Alkaloiden, die Tollkirsche, die Vogelbeeren; der Süssklee, die sogenannten Unkräuter; Giftpilze.

Nach Alfred Fankhauser (7)

❖

ZUORDNUNGEN DER PLANETEN UND TIERKREISZEICHEN ZU PFLANZEN

Schollkraut: Dies ist ein Kraut der Sonne und untersteht dem himmlischen Löwen; es ist eins der besten Heilmittel für die Augen, denn die Augen unterstehen den Himmelslichtern; man sammle es, wenn die Sonne im Löwen steht und der Mond im Widder.

Fenchel: Eine gute alte Sitte ist noch nicht gestorben, nämlich Fenchel mit Fisch zu kochen, denn er verzehrt jede phlegmatische Stimmung, die Fisch häufig bringt und den Körper belästigt, obwohl wenige, die ihn benutzen, wissen, warum sie es tun; ich nehme an, die Wirkung seiner Wohltat ist, weil er ein Kraut des Merkur ist und unter der Jungfrau und daher Antipathie empfindet gegenüber den Fischen.

Pfirsichbaum: Dieser Baum gehört der Dame Venus, und durch ihn widersteht sie den schlechten Einflüssen des Mars; und in der Tat, für Kinder und junge Leute ist nichts besser, die Cholera und die Gelbsucht zu heilen, als die Blätter und Blüten dieses Baumes, nachdem aus ihnen ein Sirup oder Eingemachtes gemacht worden ist; lasst jene, die an ihrer Lust Gefallen finden, die Frucht betrachten; doch solche, die ihre Gesundheit verloren haben und die ihrer Kinder, lasst sie betrachten, was ich sage: sie mögen zwei Teelöffel voll von dem Sirup auf einmal nehmen; er ist so mild wie Venus selbst.

Nessel: Dies ist ein Kraut, über das der Mars die Herrschaft beansprucht. Du weisst, Mars ist heiss und trocken, und du weisst auch, dass der Winter kalt und feucht ist; dann magst du auch den Grund wissen, warum Nesselspitzen, gegessen im Frühling, die schleimigen Überflüssigkeiten im Körper eines Menschen vertilgen, die Kälte und Feuchtigkeit des Winters zurückgelassen haben.

Wilde Karotten: Wilde Karotten gehören dem Merkur und brechen daher den Wind und entfernen Stiche in den Seiten, treiben den Urin an und den Fluss der Frauen und helfen den Stein zu brechen und auszutreiben; der Samen wirkt ebenfalls auf die gleiche Weise, und er ist gut für die Wassersucht und für jene, deren Bäuche vom Wind geschwollen sind.

Hauswurz: Sie ist ein Kraut des Jupiter und bewahrt, was auf ihr wächst, vor Feuer und Blitz.

Nieswurz: Sie ist ein Kraut des Saturn, daher ist es kein Wunder, wenn sie einige merkwürdige Eigenschaften hat, und es ist sicherer, durch die Kunst des Alchimisten gereinigt zu werden, als sie roh zu essen.

Safran: Er ist ein Kraut der Sonne und untersteht dem Löwen, daher brauchst du nicht nach dem Grund zu fragen, warum er das Herz so stärkt.

Maiblume: Sie steht unter der Herrschaft des Merkur, und daher stärkt sie das Gehirn, erfrischt ein schwaches Gedächtnis und macht es wieder stark.

Artischocken: Sie stehen unter der Herrschaft der Venus, und daher ist es kein Wunder, wenn sie Lust erregen.

Nach dem englischen Arztbuch von Nicholas Culpeper, 1653

❖

WEITERE ZUORDNUNGEN

Sonne: Oliven, Päonie, Wein und Walnuss.

Mond: Wasserkresse und Wasserlilie, Kürbis und Rübe, Seepalme, Weide und weisse Rose.

Merkur: Apfel und Kirsche, Stachelbeere, Himbeere und Erdbeere, Schlüsselblume, Sauerampfer, wilder Thymian und Veilchen.

Mars: Schnittlauch, Zwiebel, Senf, Rettich und Meerrettich, Hopfen und Pfeffer, Tabak, Geissblatt, Wermut.

Jupiter: Eiche und Orange, Erbsen und Löwenzahn.

Saturn: Palme und Efeu, Schierling und Nachtschatten, Pappel, Quitte und Eibe.

Nach Nicholas Culpeper, 1653

❖

ZUORDNUNGEN DER PLANETEN ZU TIEREN

Der Sonne unterstehen: Löwen, Katzen, Panther, Tiger, Adler, Falken, Geier; der Hahn, der Fasan, der Drache, der Igel, die Stacheltiere, auch die Stachelhäuter, der Ibis, der Storch, die Zugvögel.

Dem Mond unterstehen: der Hase, die ganze Kaninchenwelt und alle Tiere, die sich schnell vermehren; das Schwein, die Nachttiere, die Eule, der Uhu, auch die Nachtigall, die Fledermaus, der Schwan, Frosch und Krabbe, die Austern, der Käfer und die Krebse wie fast alle Amphibien und die Schnecke.

Dem Merkur unterstehen: der Affe und alle gelehrigen Tiere, also der Papagei, der Wellensittich, die Biene und die Ameisen, die meisten Insekten, der Spatz, die Mäuse und die Regenwürmer, die Spieltiere, die Meerschweinchen; die Fliegen und die Marienkäfer, die sogenannten Nützlinge im Garten wie die Schlupfwespen.

Der Venus unterstehen: die Haustaube, das Haushuhn, Singvögel, der Dompfaff, die Lerche, die Amsel; die Schmetterlinge, auch die Rehe, die Kühe und die Ziegen; alle milchgebundenen Tiere, Rebhuhn, Stier, die Turteltaube.

Dem Mars unterstehen: die Hunde, der Wolf; der Widder und das Schaf, der Sperber, die Spinne und die Reptilien (ausser dem Krokodil); die Wespen und Hornissen, die Skorpione; alle Angriffstiere und solche, die stechen, also auch die Mücken.

Dem Jupiter unterstehen: das Pferd, der Elefant, das Krokodil, das Bison, der Hirsch; alles Damwild; der Pfau, der Büffel, das Faultier und auch der Orang-Utan; die Walfische, die Seelöwen, von den Hunden die Jagdhunde.

Dem Saturn unterstehen: der Esel und der Bär, auch der Eisbär; das Kamel wie der Hamster, der Maulwurf und die Schildkröte; der Ziegen- und der Steinbock; der Rabe, die Elster; die dunklen Tiere, alle Unterweltstiere, also auch der Cerberus, der Anubishund.

Dem Uranus unterstehen: die Zirkustiere, die dressierten Tiere; der Suchhund, der Bernhardiner; auch der eigenwillige Dackel; Jagdtiere, Experimentiertiere.

Dem Neptun unterstehen: alle nicht genannten Fischarten; die Aquarienfische, die Barsche, der Tintenfisch besonders; die Muränen, die Seepferdchen, die Spaten- und Kaiserfische.

Dem Pluto unterstehen: der Wolf, der Hai, der Geier.

TIERKREISZEICHEN UND IHNEN ZUGEORDNETE PARFUMS

Widder: Flieder, Heidekraut, Nelke.

Stier: Jasmin, Rose, Lilie, Magnolie, Veilchen.

Zwillinge: Lavendel, Minze, Weihrauch, Rosmarin, Akazie.

Krebs: Fichten- und Kiefernnadeln, Schwertlilie, Bambus.

Löwe: Mandel, Majoran, Heliotrop, Zeder.

Jungfrau: Hyazinthe, Eisenkraut.

Waage: Vergissmeinnicht, Rose, Orchidee.

Skorpion: Heidekraut, Jasmin, Aloe.

Schütze: Vanille, Amber, Heu.

Steinbock: Geissblatt, Russisch Leder, Engelwurz, Weihrauch.

Wassermann: alle chemischen Düfte; Krokus, Mimose.

Fische: Reseda, Lotos, Algen.

ZUORDNUNGEN DER PLANETEN ZU BERUFEN

Eine gute Sonne sollten haben: alle Führungspersonen und Repräsentanten, Präsidenten, Minister, Chefs; alle, die delegieren müssen; Generale und Generalmanager; alle, die im Leben mehr als der Durchschnitt erreichen wollen; vor allem alle Väter.

Einen guten Mond sollten haben: Menschen, die das Echo, das Publikum suchen, die den Beifall brauchen; Künstler, Lehrer, Dichter (diese auch wegen der Fantasie); alle Seeleute, Angler. Heilberufe; Asketen und Astrologen (wegen der Einfühlungsgabe); alle Wetterpropheten und die Landwirte und Viehzüchter.

Einen guten Merkur sollten haben: Journalisten und andere Schreiber; Agenten, Kaufleute, Bankangestellte; Computerfachleute und Mechaniker; die Fahrensleute, Ralleyfahrer, Handwerker (die wirklich noch mit der Hand schaffen); Sekretäre, Conferenciers, Fernseh- und Rundfunkansager, Reiseführer und Propagandisten wie Agitatoren, Kabarettisten.

Eine gute Venus sollten haben: alle, die musische Berufe ergreifen; Sängerinnen, Maler, Schauspieler, Bildhauer, Tänzer; aber auch Gartenfreunde, Floristen, Friseure, Kosmetikerinnen, Dienerinnen der Liebe, Grafiker, Innenarchitekten, Musiker, alle Luxusgewerbe: Empfangsdamen, Diplomatengattinnen; Schneiderinnen, Designer, Salondamen.

Einen guten Mars sollten haben: Sportler, Aktivisten, Soldaten; Pioniere, Forscher, Fanatiker, Detektive, Entwicklungshelfer, Polarforscher, Wüstenwanderer, Chirurgen, Sezierer, Fleischermeister, Rennfahrer, Draufgänger, Casanovas, Artisten, Stuntmans, Hundeausbilder, Revolutionäre, Holzfäller, Preisboxer.

Einen guten Jupiter sollten haben: Missionare, Idealisten, Gläubige, Priester, Lehrer, Erzieher, Schulmeister; Intendanten, Förderer, Mäzene, Finanzgenies und Finanzminister, Wahlmanager, Parteisekretäre; Dressurreiter und Jäger; Traber und Jokeys; Trainer, Ausbilder, Richter und Anwälte, Strafverteidiger, Vorbilder jeder Art; Ärzte und Samariter; Architekten; Notare.

Einen guten Saturn sollten haben: Prüfer, TÜV-Abnehmer; Schornsteinfeger, Höhlenforscher, Asketen, Eremiten; Menschenverächter, Ordnungshüter, alle die konzentriert arbeiten müssen; Buchhalter, Bergsteiger, Gipfelstürmer; Tresorbauer, Förster; Gerichtsvollzieher, Vollstreckungsbeamte, wie Beamte überhaupt; Rechnungsprüfer, Steuerfahnder; Kanalarbeiter, Physiker; Chemiker; Sparkommissare; Oberschwestern, Altenpfleger, Totengräber.

Einen guten Uranus sollten haben: Erfinder, Scharlatane; Astrologen, Hellseher, Kartenlegerinnen; Gagfabrikanten, Spielzeughersteller; Fernsehprogrammacher, Meinungsforscher; Rennleiter, Pistenjäger; Piloten, Weltraumforscher, Aluminiumhersteller; Spekulanten, Totostellenbesitzer; Lotterieeinnehmer und Veranstalter; Aktienhändler; Sensationsjournalisten, Fotografen; Autoentwickler; Testfahrer, die ersten Mondbesucher; Horrorfilmhersteller; moderne Maler, Musiker und Regisseure; gedankliche Revolutionäre, wie alle Menschen, die aus Langeweile alles auf den Kopf stellen möchten.

Einen guten Neptun sollten haben: Psychologen und Heiratsvermittler; Propheten und Magier; Jahrmarktsbudenbesitzer, Analytiker; Landärzte, die sich Apparaturen teurer Art nicht leisten können; Verführbare, Abhängige, unendlich Liebende; Mystiker, Archäologen, Indien- und Ägyptenreisende, wie Besucher von orientalischen Basars; Drogenhersteller, Apotheker, Pharmazeuten; Schwiegermütter und Köche; Konditoren und Parfumhersteller; Rauschgifthändler.

Einen guten Pluto sollten haben: Machthungrige und Politiker, Umweltschützer und Ellenbogenmenschen; Offiziere und Vertreter bei der UNO; Streber und Auf- wie Aussteiger; Pressezaren, Konzernherren; Dirigenten und Orchesterleiter, Festspieldirektoren; Schatzmeister, Geizkragen; Erdölbohrer, Salamander, das heisst Feuerlöscher; Bordellbesitzer; Waffenhersteller und Atomphysiker; Meinungsmacher und Rechthaber, Auswanderer und Goldsucher, Mafiosos und Pokerspieler.

An dieser Aufstellung wird deutlich, dass die moderneren Berufe mit ihren Auswirkungen mehr unter den Planeten stehen, die erst neu wiederentdeckt sind, also unter Uranus, Neptun und Pluto.

IX.
Astrologie in Schlagertexten

Niemand weiss, was in den Sternen steht.

Aus dem Lied «Aloa oe»

❖

Hört mich an, ihr goldenen Sterne!

Aus dem Lied «Heimweh»

❖

Sterne, die am hohen Himmel stehen – die bei Tag und Nacht stets mit uns gehen; Sterne zeigen uns den Weg in eine neue Welt – wo nur Frieden wohnt, der uns so lang gefehlt.

Aus einem Westernsong

❖

Ich hab' bei Frauen so schrecklich viel Glück, das ist kein Wunder, denn mein Sternbild ist der Stier.

Aus «Ich brech' die Herzen der stolzesten Frau'n»

❖

Die Sterne wandern – keiner kann auf seiner Bahn zurück.

Udo Jürgens in einem Lied

❖

Wo meine Sonne scheint und wo meine Sterne stehen, da kann man der Hoffnung Glanz und der Freiheit Licht in der Ferne sehen.

Caterina Valente in einem Lied

❖

Solang die Sterne glühen, solang noch Blumen blühen, solange bleibt die Hoffnung auf das Glück.

Aus einem Schlager

❖

Ich wollt' immer zu den Sternen – in ein unbekanntes Land.

❖

Wenn abends die Heide träumt, dann rufen die Sterne …

❖

Wir haben beide denselben Stern, und dein Schicksal ist auch meins. Du bist mir fern – und doch nicht fern. Denn unsere Seelen sind eins.

Zarah Leander

Zarah Leander in einem Lied

❖

Ich komme von den Sternen, um dir ganz nah zu sein …

❖

Du bist so schön wie dein Planet …

❖

Wenn der Mond im siebten Hause steht,
und Jupiter auf Mars zugeht,
herrscht Friede unter den Planeten,
lenkt Liebe ihre Bahn. Genau ab dann,
regiert die Erde der Wassermann,
regiert sie der Wassermann …
Harmonie und Recht und Klarheit,
Sympathie und Licht und Wahrheit!
Niemand wird die Freiheit knebeln,
niemand mehr den Geist vernebeln,
der Mensch lernt wieder denken:
dank dem Wassermann! …

Aus dem Musical «Hair»

❖

Jetzt frag' ich die Sterne nach unserem Glück.

Aus «Das Edelweiss vom Wendelstein»

❖

Willst du gerne wissen, was die Zukunft uns beiden bringt? Dort steht's in den Sternen, dass das Glück uns beiden winkt.

Aus «Sing mit mir – spiel mit mir»

Quellennachweis

(1) Oskar ADLER: *Das Testament der Astrologie,* Bd. I, 1950.

(2) Erich von BECKERATH: *Geheimsprache der Bilder,* 1984.

(3) Hans BEER: *Neue Astrologie,* 1951.

(4) Carl BEZOLD (mit Franz BOLL): *Sternenglaube und Sternendeutung,* 1966.

(5) *Die Bibel.* Einheitsübersetzung der Heiligen Schrift, Altes und Neues Testament.

(6) Detlev BLOCK: *Astronomie als Hobby,* 1982.

Franz BOLL: *siehe* Carl BEZOLD.

(7) Alfred FANKHAUSER: *Das wahre Gesicht der Astrologie,* 1952.

(8) Armand FRÖHLING: *Praktische Astrologie,* 1931.

(9) Gerhard GADOW: *Die Feen an der Wiege,* 1979.

(10) Horst Wolfram GEISSLER: *Der ewige Tempel,* 1979.

(11) Eugen GRUPP: *Astrologie und Theologie,* 1958.

(12) Jürgen HAMEL: *Astrologie – Tochter der Astronomie?,* 1987.

(13) Hans HOLZER: *Astrologie verständlich,* 1975.

(14) Rolf JEROMIN: *Orakelbuch,* 1981.

(15) C.G. JUNG (mit Wolfgang PAULI): *Naturerklärung und Psyche,* 1952.

(16) Paul JUNGSCHLÄGER: *Astrologie heute – Stimmen der Wissenschaft,* 1980.

(17) Liane KELLER: *Mythos der Sterne,* 1979.

(18) Herbert von KLÖCKLER: *Kursus der Astrologie,* 1927.

(19) Warren KENTON: *Astrologie,* 1976.

(20) Francis KING: *Die Macht des Kosmos,* 1979.

(21) Walter A. KOCH: *Gestalthoroskopie,* 1980.

(22) Otto LANKES: *Das Weltbild der Astrologie,* 1956.

(23) Ludwig LAVEUVE: *Astrologie im neuen Licht,* 1974.

(24) Louis MACNEICE: *Astrologie,* 1964.

(25) Solange de MAILLY-NESLE: *Astrologie – Von der Sterndeutung zum Horoskop*, 1987.

(26) Bernd A. MERTZ: *Handbuch der Astrologie*, 1979.

(27) Bernd A. MERTZ: *Folgt dem Stern*, 1994.

(28) Bernd A. MERTZ: *Paracelsus und seine Astrologie*, 1993.

(29) Bernd A. MERTZ: *Was sagt uns das Horoskop*, 1986.

(30) Bernd A. MERTZ: *Der Weg zum Horoskop*, 1994.

(31) Derek PARKER: *Astrologie ohne Geheimnis*, 1973.

(32) Derek und Julia PARKER: *Astrologie. Ursprung – Geschichte – Symbolik*, 1983.

Wolfgang PAULI *siehe* C. G. JUNG.

(33) Claudius PTOLEMÄUS: *Tetrabiblos (Die vier Bücher)*.

(34) Thomas RING: *Astrologie neu gesehen*, 1977.

(35) Emil SAENGER: *Der gestirnte Himmel und seine Geheimnisse*, 1926.

(36) Friedrich SCHWAB: *Sternenmächte und Mensch*, 1933.

(37) Nikolaus von SEMENTOWSKI-KURILO: *Der Mensch griff nach den Sternen*, 1970.

(38) Nikolaus von SEMENTOWSKI-KURILO: *Schicksal im Sternspiegel*, 1966.

(39) Philipp SCHIFFMANN: *Mondkalender*, 1982.

(40) Heinz Artur STRAUSS: *Der astrologische Gedanke in der deutschen Gegenwart*, 1926.

(41) Heinz Artur STRAUSS: *Psychologie und astrologische Symbolik*, 1953.

(42) Sigrid STRAUSS-KLOEBE: *Das kosmopsychische Phänomen*, 1977.

(43) Ernst TIEDE: *Astrologisches Lexikon*, 1969.

(44) Olga von UNGERN-STERNBERG: *Die innerseelische Erfahrungswelt am Bilde der Astrologie*, 1975.

(45) Peter URBAN: *Parapsychologie*, 1974.

(46) Ernst von XYLANDER: *Lehrgang der Astrologie*, 1953.

(47) Erich ZEHREN: *Der gehenkte Gott*, 1953.

Weitere Bücher der Edition Astrodata

Erhältlich in jeder Buchhandlung

Jessie Adler Gral: **Die verzauberte Seele,** Sucht und Spiritualität im Horoskop, Format 14 x 21 cm, brosch., 306 S., 14 Hskpe., 27 Tabellen, ISBN 3-907029-31-3

Baigent/Campion/Harvey: **Mundan-Astrologie,** Handbuch der Astrologie des Weltgeschehens, Format 17 x 24 cm, geb., 456 S., 98 Abb., ISBN 3-907029-12-7

Nicholas Campion: **Das Buch der Welthoroskope,** Alle wichtigen Daten und Quellen zu Ländern, Nationen und weltpolitischen Ereignissen, Format 17 x 24 cm, geb., 660 S., 364 Hskpe., ISBN 3-907029-19-4

Brigitte Eichenberger: **Astrologie-Fibel,** Ein Wegweiser für Laien, Format 14 x 21 cm, brosch., 38 farbige Illustrationen und Fotos, 96 S., ISBN 3-907029-44-5

Dennis Elwell: **Das kosmische Netzwerk,** Astrologie – eine neue Wissenschaft, Format 17 x 24 cm, geb., 224 S., ISBN 3-907029-08-9

Martin Freeman: **Astrologische Prognosemethoden,** Format 17 x 24 cm, geb., 152 S., 10 Abb., ISBN 3-907029-02-X

Joëlle de Gravelaine: **Lilith – Der Schwarze Mond,** Die Grosse Göttin im Horoskop, Format 17 x 24 cm, geb., 224 S., 40 Abb., ISBN 3-907029-13-5

Judy Hall: **Die karmische Reise,** Geburtshoroskop, Karma und Reinkarnation, Format 17 x 24 cm, geb., 320 S., zahlr. Hskpe. und Abb., ISBN 3-907029-22-4

Brigitte Hamann: **Lebensmuster,** Elternbilder im Horoskop, Format 17 x 24 cm, geb., 280 S., ISBN 3-907029-41-0

Michael Harding/Charles Harvey: **Die Feinanalyse des Horoskops,** Das Arbeiten mit Harmonics, Schnittpunkten und Astro∗Carto∗Graphy, Format 17 x 24 cm, geb., ca. 400 S., zahlr. Abb., ISBN 3-907029-21-6

Nancy Anne Hastings: **Progressionen und Transite,** Ein praxisorientiertes Deutungsbuch, Format 17 x 24 cm, geb., 295 S., 35 Abb., ISBN 3-907029-15-1

Johan Hjelmborg/Louise Kirsebom: **Augenblicksastrologie,** Partituren und Spiele der Planeten, Format 17 x 24 cm, geb., 204 S., 75 Abb., ISBN 3-907029-04-6

Johan Hjelmborg/Louise Kirsebom: **Zeichen und Planeten in der Hand,** Format 17 x 24 cm, geb., 308 S., 180 Abb., ISBN 3-907029-18-6

Eve Jackson: **Jupiter – Der alte Wohltäter in einem neuen Licht,** Format 17 x 24 cm, geb., 184 S., 31 Abb., ISBN 3-907029-07-0

Marc Edmund Jones: **Die sabischen Symbole in der Astrologie,** Format 17 x 24 cm, geb., ca. 440 S., 7 Ill., 1000 Horoskopstellungen, ISBN 3-907029-40-2

Jim Lewis/Ariel Guttman: **Astro∗Carto∗Graphy-Atlas,** Mit Horoskopen und Biographien, Format 21 x 28 cm, brosch., 328 S., 270 Abb., ISBN 3-907029-14-3

Bernd A. Mertz: **Liebe – Opfer – Magie,** Der Mensch als Geheimnis des Kosmos, Format 17 x 24 cm, geb., 219 S., 42 Hskpe., 10 Abb., ISBN 3-907029-25-9

Bernd A. Mertz: **Paracelsus und seine Astrologie,** «Im Menschen nämlich sind Sonne und Mond und alle Planeten», Format 14 x 21 cm, brosch., 96 S., 2 Hskpe., ca. 50 Abb., ISBN 3-907029-32-1

Bernd A. Mertz: **Schicksalspunkte im Horoskop,** Die Schnelldiagnose in der Astrologie, Format 17 x 24 cm, geb., 232 S., 40 Abb., ISBN 3-907029-20-8

Hermann Meyer: **Befreiung vom Schicksalszwang,** Astropsychotherapie, Format 17 x 24 cm, geb., 208 S., ISBN 3-907029-01-1

Melanie Reinhart: **Chiron – Heiler und Botschafter des Komos,** Format 17 x 24 cm, geb., 346 S., 22 Hskpe., Ephemeriden 1900–2000, ISBN 3-907029-26-7

Jane Ridder Patrick: **Praktische Astro-Medizin,** Entsprechungen zwischen Kosmos, Körper und Seele, Vorwort von Charles Harvey, Format 17 x 24 cm, geb., 189 S., 15 Abb., ISBN 3-907029-24-0

Dane Rudhyar/Leyla Rael-Rudhyar: **Der Sonne/Mond-Zyklus,** Ein Schlüssel zum Verständnis der Persönlichkeit, Format 17 x 24 cm, geb., 192 S., 25 Abb., ISBN 3-907029-06-2

Thomas Schäfer: **Astrologie und Traumdeutung,** Die innere Welt des Horoskops in Träumen und Märchen, Format 17 x 24 cm, geb., 192 S., 19 Abb., 4 Hskpe., ISBN 3-907029-42-9

Thomas Schäfer: **Bildersprache Astrologie,** Format 17 x 24 cm, geb., 172 S., 5 Abb., ISBN 3-907029-17-8

H. H. Schöffler: **Gœthes Leben aus den Sternen,** Kleines Lesebuch der Transitastrologie, Format 15 x 21 cm, kart., 208 S., ca. 100 Hskpe., ISBN 3-907029-10-0

H. H. Schöffler: **Mozart und die Musik der Sterne,** Ein astrologischer Lebenslauf, Format 15 x 21 cm, kart., 170 S., ca. 80 Hskpe., ISBN 3-907029-16-X

Pauline Stone: **Partnerschaft, Astrologie und Karma,** Wie man Beziehungen verstehen, transformieren und heilen kann, Format 17 x 24 cm, geb., 192 S.,3 Abb., ISBN 3-907029-23-2

Erin Sullivan: **Rückläufige Planeten,** Aufbruch in die innere Landschaft, Format 17 x 24 cm, geb., 360 S., 16 Hskpe., 28 Abb., ISBN 3-907029-29-1

Noel Tyl (Hg.): **Sexualität im Horoskop,** Format 17 x 24 cm, geb., 49 Hskpe. und 11 Abb., ca. 358 S., ISBN 3-907029-46-1

Noel Tyl (Hg.): **Uranus, Neptun und Pluto im persönlichen Erleben,** Format 17 x 24 cm, geb., 256 S., 12 Hskpe., 7 Abb., ISBN 3-907029-38-0

Eric J. Weil: **Das kombinierte Fragehoroskop,** Die verfeinerte Methode der Fragehoroskope, Format 14 x 21 cm, brosch., 82 S., 49 Hskpe., ISBN 3-907029-33-X

J. Claude Weiss/Verena Bachmann: **Pluto – Das Erotische und Dämonische,** Format 17 x 24 cm, geb., 256 S., 43 Abb., ISBN 3-907029-05-4

J. Claude Weiss: **Karmische Horoskopanalyse,** Unbewusste Lebenspläne erkennen und verändern, Format 17 x 24 cm, geb., ca. 248 S., ISBN 3-907029-39-9

J. Claude Weiss: **Astrologie – Eine Wissenschaft von Raum und Zeit,** Format 17 x 24 cm, geb., 200 S., 24 Abb., ISBN 3-907029-03-8

Jürgen Wiering: **Astrologie und Beruf,** Berufs- und Unternehmensberatung mit Hilfe der Astrologie, Format 17 x 24 cm, geb., 192 S., 1 Horoskop, 31 Tab., 1 Abb., ISBN 3-907029-37-2

100 zeitgenössische Filmschauspieler und Filmschauspielerinnen, Lebensläufe und Horoskope, Format 21 x 29,7 cm, kart., 208 S., 100 Hskpe., ISBN 3-907029-09-7

100 Regisseure und klassische Filmschauspieler und Filmschauspielerinnen, Lebensläufe und Horoskope, Format 21 x 29,7 cm, kart., 208 S., 100 Hskpe., ISBN 3-907029-11-9

ASTROLOGIE HEUTE
Zeitschrift für Astrologie, Psychologie und Esoterik

Herausgeber: Claude Weiss

Die Zeitschrift ASTROLOGIE HEUTE erscheint seit 1986 alle zwei Monate und berichtet über alle wesentlichen Strömungen der deutschsprachigen und internationalen Astrologieszene. Das Heft enthält im Mittelteil jeweils ein *farbiges Magazin,* in dem auf spielerische, verständliche Weise die Grundlagen der Astrologie vermittelt werden. In der Rubrik *Astrologie im Weltgeschehen* werden anhand der mundanen Konstellationen (in bezug auf das aktuelle Weltgeschehen) die politischen und gesellschaftlichen Ereignisse astrologisch analysiert und interpretiert. In jeder Nummer sind jeweils die Horoskope von sechs *berühmten Persönlichkeiten,* die im entsprechenden Zeitraum Geburtstag haben, farbig abgedruckt und mit einer Kurzbiographie versehen. Weitere Rubriken: *Kalender* (astrologische Vorschau über die folgenden zwei Monate), *Praxis* (astrologische Deutungs- und Arbeitsmethodik), *Baukasten* (astrologisches Grundwissen), *Psychologie, Esoterik/ New Age, Bücherschau, Reflexe/Reflexionen.* Regelmässig werden *Interviews* mit bekannten Persönlichkeiten zu astrologischen und philosophischen Themen veröffentlicht. *Auch erhältlich an grösseren Kiosken in Deutschland und der Schweiz!*

Gratis-Probenummer oder Abonnement bei: **ASTROLOGIE HEUTE, Postfach, CH-8047 Zürich.**